延展业务边界

EDGE STRATEGY
A New Mindset for Profitable Growth

发 掘 近 在 咫 尺 的 金 矿

艾伦·刘易斯（Alan Lewis）
丹·麦科恩（Dan McKone）◎著

张纲麟◎译

中国人民大学出版社
·北 京·

图书在版编目（CIP）数据

延展业务边界：发掘近在咫尺的金矿/艾伦·刘易斯等著；张纲麟译.
—北京：中国人民大学出版社，2019.1
ISBN 978-7-300-25806-5

Ⅰ.①延… Ⅱ.①艾…②张… Ⅲ.①企业发展战略-企业管理-研究
Ⅳ.①F272.1

中国版本图书馆 CIP 数据核字（2018）第 115611 号

延展业务边界：发掘近在咫尺的金矿
艾伦·刘易斯
　　　　　　　　著
丹·麦科恩
张纲麟　译
Yanzhan Yewu Bianjie：Fajue Jinzaizhichi de Jinkuang

出版发行	中国人民大学出版社				
社　　址	北京中关村大街 31 号		**邮政编码**	100080	
电　　话	010 - 62511242（总编室）		010 - 62511770（质管部）		
	010 - 82501766（邮购部）		010 - 62514148（门市部）		
	010 - 62515195（发行公司）		010 - 62515275（盗版举报）		
网　　址	http://www.crup.com.cn				
	http://www.ttrnet.com（人大教研网）				
经　　销	新华书店				
印　　刷	北京联兴盛业印刷股份有限公司				
规　　格	148mm×210mm　32 开本		**版　　次**	2019 年 1 月第 1 版	
印　　张	7.25 插页 2		**印　　次**	2019 年 1 月第 1 次印刷	
字　　数	130 000		**定　　价**	49.00 元	

L. E. K. 咨询（L. E. K. Consulting）的创始人之一、畅销书作家和著名演说家理查德·科克（Richard Koch）先生写过一本影响深远的书——《80/20法则》（*The 80/20 Principle*）。在这本书里，科克先生揭示了商业活动中令人吃惊的一些事实——企业80％的收入是由20％的客户贡献的，而

20％的资产支撑了80％的业务的运转。

受这本书以及其他管理巨作的影响，长期以来，企业家们一直不遗余力地聚焦核心业务、核心资产和核心客户，试图在提高效率的同时找到不断增加营收和利润的良方。我与本书作者艾伦·刘易斯、丹·麦科恩共同供职董事总经理的 L. E. K.咨询，每天都在帮助企业回答下述战略问题，不论在波士顿，还是在上海。当企业发展到一定规模、市场份额接近饱和时，如何才能保持可持续的盈利性增长？如何才能有效提高单位客户的价值贡献度？如何才能避免利润率因对市场份额的争夺而被逐步侵蚀？如何避免核心产品和服务的同质化和商品化？是否应该在产业链上进行纵向整合？是否需要进入新的业务领域、客户市场和产品市场？如何平衡新业务和核心业务在资源上的分配？什么样的兼并收购才能不断提升股东价值？

要回答这些问题，首先就需要比对企业核心产品、服务和资产所提供的价值边界与客户的需求边界，分析两者差异之所在，从而找到战略的指引。这就是本书的撰写初衷。

在艾伦·刘易斯和丹·麦科恩的这本管理著作中，最重要的概念就是商业活动中的"边缘"和"边缘战略"。边缘是模糊的、互相渗透的、可扩展的，因而是充满机遇以及可重新界定的。相应地，用好边缘战略可以促成商业上的差异化、成长性、低风险和高收益。与传统战略不同，边缘战略的秘密在于真正尊重并深入挖掘客户需求的多样性，通过拆分（unbundling）、内容简化（de-contenting）、升级销售（upselling）、重新组合（re-bundling）等方法，重新定义产品、服务与定价组合，将选择权真正交到客户手中，在帮助客户更好地达成目的的同时，实现企业的财务目标。边缘战略也尊重企业资产的社会属性，鼓励企业以开放的心态看待核心业务所涉及的资产，思考是否可以为他人所用，在创造新的收益来源的同时实现更高的社会价值。边缘战略的另一个秘密在于它低风险高收益的特性。不难理解，当一种战略是从现有核心资产、市场渠道、客户群体出发时，任何潜在的机会都会转化成为非同寻常的优质回报。也许，最好的诠释就是艾伦和丹本人参与见证的美国航空业在经历自 1978 年以来多年的连续亏损以及众多航空公司申请破产保护的心酸史后，于 2008 年开始扭亏为盈。反转的关键就在于航空公司采纳了边缘战略的思想，重新切分定义了它们核心服务的内容，并辅以定制化的服务选项，创造了大量的高利润率的副业收入（ancillary revenue）。

今天，艾伦和丹把 L. E. K. 咨询在边缘战略领域 30 多年的实战经验总结归纳，梳理成书，带给全球的企业家。本书列举了大量实例，系统地阐述了三种边缘战略的框架：产品边缘、旅程边缘和资产边缘的各自机理和特点，如何运用边缘思维识别发现它们，如何运用这三种边缘战略释放企业核心业务中隐藏的价值,应对日趋严酷的市场环境:比如如何有效地升级销售,如何应对毛利率下降的压力,如何避免核心产品、服务的同质化,如何利用大数据带来的机遇,以及如何避免兼并收购对价值造成破坏。在书的结尾,艾伦和丹还在实操层面上提供了识别激活边缘战略的十个步骤。

经过 40 年的高速发展,如今的中国已经一跃成为世界第二大经济体。不少中国企业在经历快速成长后进入了发展平台期,急需找到下一轮的增长和利润引擎。进入新市场、发展新产品、通过兼并收购快速实现外延性增长充满了诱惑,自然成为备选项之一,然而其中风险也很大。守住核心业务,在此基础上运用边缘战略对传统业务进行突破创新,找到新的增长点,就变得极具现实意义。毕竟,我们对全球排名前 600 的企业的研究表明,那些持之以恒运用边缘战略的公司,其年均股东回报率要比同类公司高出 15%,是各自行业真正的赢家。一个颠覆我们认知的事实是,边缘战略虽然本质上是核心业务的增量,但带来的收益增长却是非常可观的,亚马逊的云服务以及平安集团的平安好医生等业务已经验证了这一点。

所以,与其劳民伤财进入别人家的领地,不如俯下身来,用心发现那些"低垂的果实"。

陈玮

L. E. K. 咨询大中华区主管合伙人

**前言
迈向成长的另一途径**

这些年来，在分析了数百家企业并给予建议之后，我们在企业战略的结构中观察出一套既简单又特别的模式。我们的研究显示，这种一再出现的现象普遍存在于标准普尔 500 指数所覆盖的 62 大产业之中。时间证明，无论是大企业还是小公司，全球都存在这一现象。该模式最为人熟知的观点即是，企业获利的最佳办法是运用现有的资源及能力。但其中鲜为人知的是，运用企业资源与能力最好的机会，往往存在于商业模式的"边缘"（edge）。

我们致力于协助企业获得提升，看着这些企业奋斗、改变、成功，甚至为了增加获利竭力调整商业模式，却发现有不少企业的成长过程与传统的获利成长战略发生冲突。

无论何种产业，这些企业的共同问题在于，它们似乎局限于自己所擅长的：增加网点、拓展客源，或者单纯销售更多商品。许多企业常常过度专注于做更多每天都在做的事。它们十分了解采购流程，努力激励供应商，开发销售渠道，甚至会画出极为详细的作业流程图，只为了追求企业优化。

然而，不断追求"更多"造成的最大问题，就是效果持续的时间总是很短暂，因为地点和顾客总是有限的，对产品的需求最终也会达到饱和，甚至有些企业经过充分讨论，决定深耕某个特定领域时，却发现同业和新竞争者已经坐在它们原本的"耕地"上瓜分收成了。这无可避免的市场份额之争最后不过是场徒劳无功的消耗战，因为就连最聪明的核心战略最终也会被模仿，导致所有竞争者回到同一起跑线。

最后，这些企业不得不到"远处"寻求获利成长，典型的做法便是收购竞争对手，发展相关但又不同的事业，或者寻找尚未开发的蓝海市场。不过，这些战略的问题是，获利也许会很高，但失败的概率也不低。

在核心业务上追求完美可能导致短视问题，让人忽略企业已有的价值。当企业围绕核心业务寻找新对策时，常忽略存在于企业周边尚未开发、可能会带来商业利益的重要来源，即通过销售核心业务边缘的附加产品及服务，使得与顾客之间已有的互动更加密切、完整。

我们称这种方法为边缘战略（edge strategy），着重于在企业能力范围内获利，让企业不仅可以重新审视已有的获利潜力，也可以避免过多的前期投资并降低风险。

发展出挖掘机会的洞察力

商机往往并非埋伏于企业的核心业务上或世界上某个遥远的地方，而是存在于核心业务的周边。许多企业都通过发掘所谓的"边缘机会"来找出自身的潜在价值，并通过应用边缘战略从现有的资产、商业渠道与投资中获利更多。试着思考企业究竟是如何运作的、顾客到底想从企业得到什么（或者还有谁会对企业累积的资产有其他的需要），将会产生意义重大的结果，培养出这样的洞察力就是边缘战略的本质。

许多企业都有机会运用边缘战略，这一战略以企业现有的资源为出发点，同时为创新提供一条合理的路径，无疑是获利的恰当方法。

边缘战略的特点包括：

● 与企业的核心业务相比，创造出的利润率往往更高。

● 从现有资产中获利，风险与前期投资皆较低。

● 有能力满足更多顾客不同的需求，为每位顾客增加整体的价值主张。

● 不仅使企业提高收益，也能给市场带来整体增长；换句话说，边缘机会的收益不一定要从竞争者的手中分割。

● 通过更精确地掌握顾客需求大幅改善顾客满意度。

本书的目的是培养读者洞察边缘机会的能力，进而加以运用，我们称之为边缘思维（edge mindset）。为此，书中提供了实用的可视化架构，帮助读者了解三种不同的边缘战略及其特点，并提供跨产业及跨地域的案例，以说明这些企业运用边缘战略获利的经验。此外，针对企业可能遇到的几类情况，本书也相应指出每一种边缘战略在这些情况下的运用方式。最后，列出十大步骤帮助读者从企业里找出边缘机会，并且从中获利。

有了边缘思维的加持，无论何种产业，无论企业规模大小，任何决策者与经理人都能够找到获利成长的新资源。

第一部分　边缘思维与战略架构

第一章
高回报的边缘地带

目录

EDGE STRATEGY

第二章

产品边缘：重新思考业务范围

第三章

旅程边缘：协助顾客达成目的

第四章

资产边缘：跳出主业审视基本资产

第二部分　在哪里释放边缘价值

第五章

升级销售是利用边缘机会的良机

第六章
在逆境中运用边缘战略盈利

第七章

借助边缘机会塑造产品差异性

第八章

利用大数据资产创造新价值

第九章
运用边缘战略评估企业并购的价值

第一部分
边缘思维与战略架构

EDGE
STRATEGY
A New Mindset for
Profitable Growth

第一章

高回报的边缘地带

在商业领域中，每个人都在寻找机会。怎么打败竞争对手？如何才能傲视群雄、一枝独秀？企业迈向成功的诀窍又是什么？而机会常常就埋伏在边缘地带。

所谓的"边缘"就是某种外围边框，它清晰地将可以做的事和不可以做的事区分开来。边缘就是事情发生改变的边界，企业在经营的过程中，做出任何超过这条边界的改变都是有风险的（见图1-1）。

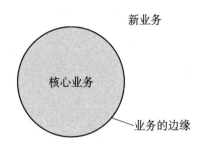

新业务

核心业务

业务的边缘

业务的边缘划分出企业现有核心业务的起始与结束。

图 1-1　企业中的边缘

业务的边缘不一定都是显而易见的，换言之，许多边缘是模糊不清的。试想，当你望向地平线时，总是能清楚地看到海天交界线在哪里吗？商业领域中的边缘也是如此。一直以来，对于产品该如何在市场中定位、会带来哪些价值，或者如何赢得更多顾客的信赖等问题，都鲜有精确的定义，我们认为机会就存在于这种模糊之中。如果没有清晰定义出企业的边缘，企业就能以公司利益为出发点重新定义。如果企业选择留在定义模糊但熟悉的环境中，不愿离开舒适圈去扩张业务，也可以找到从现有资产中获利的康庄大道。

边缘还有一个有趣的特性，这一企业内部与外界的交会之处，往往是可以有所作为的地方。在自然界、文明世界甚至是商业领域中，事物的边缘总是充斥着最吸引人的互动，每当互动活跃，便会产生大量机会。

边缘交界地带的特殊优势

生态学家将上述现象称为边缘效应（edge effect）。这一术语是 20 世纪 30 年代由美国环保主义者奥尔多·利奥波德创造的，用以说明为什么过渡性的农业环境，相较于单一栖息地（如田地及森林）更容易见到鹌鹑、松鸡以及其他猎禽的身影。他认为，"动物渴望能同时进入两种以上的栖息地"与"交界地带的植被比其他地方更为丰富"，都是交界地带物种既大量又多样的原因。

此后，科学家就将这些边缘区域取名为生态交界地带。20 世纪 50 年代，尤金·欧顿在他著名的文章《生态学基础》（*Fundamentals of Ecology*）中亦大力宣传这一观点，他将生态交界地带定义为存在于两种或两种以上不同群落之间的过渡地带。他当时在思考，森林与草原、海洋与海岸的边界在哪里。两个生态系统的交界地带往往是动植物种类最多的地方。两个生态系统的族群、资源、养分、光线及食物，都会在交界地带中混合。有些物种甚至只会生存在生态交界地带中，因为两种生态结合会创造出独特的沃土。

欧顿不仅在文章中说明了为什么交界地带的土地会特别肥

沃，同时也解释了为什么 90％ 的海洋生物都栖息在离岸边很近的海域，而且这些海域只占海洋总面积的 1/10。边缘效应也可以说明自然界以外的问题。

例如，为什么 3/4 的加拿大人都居住在离美加边境 100 英里以内的地方？因为在这片区域有绵延 4 400 英里的边境线，其中蕴藏着和全世界最大的经济体做生意的机会。有史以来，人们就一直专注在交界地带建立窗口，换句话说，就是开启商业的大门，促进两国之间的贸易往来。

匈牙利经济学家卡尔·波兰尼曾撰写过许多关于通商口岸的文章，详细说明了为什么自公元前两千年以来，港口能够转动经济与商业的齿轮。这些交界地带随着时间流逝也有极大的变化。特雷尔·加拉韦延续了波兰尼的研究，认为通商口岸就像是生态交界地带一样，无法单纯用空间来定义。贸易交叉点也会促进商业繁荣。有些通商口岸就设立在沿海地带，例如香港及新加坡；撒哈拉沙漠中与古老商队有关的廷巴克图古城坐落在沙漠的边缘；伊斯坦布尔地跨欧亚大陆，同时受到两大洲文化的强烈影响。

学术界会把通商口岸的"经济交界地带"概念与自然界中的生态交界地带相比较，甚至还把这种逻辑延伸到群落之间的路径上。这些路径往往地处文明的边缘地带，重要的商贸通道也早已成为世界各大城市进步的主要途径。鲁德雅德·吉普林便用"这是世界上独一无二的生命之河"来形容组成印度大干道（Grand Trunk Road）的文化汇集地。

企业的三种边缘交界地带

生态交界地带的概念可以套用在企业中，并带来强大的效果。我们在研究过程中观察到，这种"过渡性的丰饶地带"，亦是机会在企业中的藏身之地。就像在大自然中人们所熟知的边缘效应，企业交界地带的价值一旦被识别，作用可能相当显著。然而，在利用交界地带的价值之前，总得先将其发掘出来，我们不妨研究一下是什么架构出企业的边缘机会。

首先，企业与顾客的互动会有一条边界，在企业的所有活动当中，这个交界地带最重要，可以产生收入。不过，就像我们先前针对生态交界地带的讨论，环绕在产品或服务周围的界线通常不是那么明显（见图1-2）。企业常常会错估顾客的期望，顾客也可能会误解企业的立场。

如果你曾去过主题乐园或搭过游轮的话，你就能理解我的意思。想象一下，购买一张主题乐园的入场券就可以享受所有服务，入场后无须再支付任何费用就可以参与所有活动，不过，

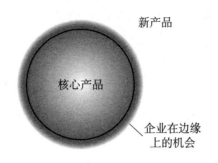

新产品

核心产品

企业在边缘
上的机会

边缘往往不是一道清晰的界线，而是一连串的机会。

图 1-2　边缘上的机会

你还是可以发现存在额外付一点小钱来提升游乐体验的机会。这些公司无疑很善于发掘核心产品外围的模糊界线。

其次，时间也会构成一种边缘地带。以大自然来举例，动物经常在白天与黑夜之间的黄昏时分群聚和分散，此时也是动物觅食的绝佳时机，一群群哺乳动物、鸟类及昆虫在这个时间段表现得最活跃。商业经营亦然，要重视时间的交界地带，将与顾客间的关系，从试探性的购买扩展成一生的忠实消费。在顾客关系开始与结束的边缘，即使只是稍稍更改互动的时间，效果也会十分惊人。

想象一下你正在超市采购食物。购买生菜之类的食材无须花费太多时间去决策，有人察觉到，顾客的一餐不会在买了生菜后就画下句号，他还得清洗、切开之后才能食用。这个再简单不过的洞察，便能够将普通的产品转变为高利润的预制食品（例如盒装生菜沙拉）。对于像全食超市这类公司来说，更深入地帮助消费者是实现经济转型以及巩固顾客关系的重要方法之一。这将在第三章深入探讨。

最后，企业的所有资产，无论是有形或无形的，都具有边缘机会。如果企业仔细盘点就会发现，其实界定公司核心及非核心产品的标准相当含糊，甚至可能会发现，对于如何使用资源与能力，也都还留有诠释的空间，在这种情况下，资产本身的边缘就创造了机会。

丰田为了强化车上内置的全球定位系统服务功能，将能产生数据的装置安装于所有在日本销售的车辆中。因为丰田认识到，数据的价值绝不仅限于其主要用途。我们稍后会在第八章提到，这样的洞察让丰田成功推出新业务，即利用此类数据为日本各大企业及城市提供交通远程信息服务。

盘点企业的基本资产

绝大多数企业的使命或战略都试图回答"我们最擅长的是什么"，在做阐述时往往都会提到它们的基本资产。这些资产可以是有形资产，如飞机或是连锁零售商店；也可以是无形资产，如聪明的员工或一项特定的知识产权。

每家企业都拥有基本资产，以完成并提供最终核心产品给顾客。如图1-3所示,在资产的底层是企业的硬资产,如不动产、设备、采矿权等。在硬资产的上方通常是软资产,如企业的人力资源、搜集来的资料等。再上方便是企业所雇用的能力,如企业所需的特殊技能,其为核心业务带来更高的效率。资产的最上方,则是企业的抽象资产,如文化、道德观,以及让企业变得与众不同的要素。

企业建立于一系列的基本资产之上,这些资产可以确保核心产品顺利交付。

图1-3 企业中的基本资产

这些基本资产相当重要,能帮助企业建立进入壁垒来确保其市场份额,这些资产是企业与同业竞争或与同业有所区别的基础,也是当今大多数企业战略核心中面对决定输赢的竞争时的主要工具。

投资较早且成功的竞争者,或许是带了点运气,可以在市场上占得主导地位，进而创造能维持优势的平台、收回成本，并且让股东满意。这些都是核心战略的赢家、市场上卓越的玩家。然而能够长期维持核心领导地位的企业寥若晨星；而更为严峻的是，成功的路径不会适用于大多数的企业。

企业十之八九没有意识到自身基本资产的固有价值。尽管这些资产说来复杂，但通常都是通过在某些活动上发挥效用，让企业的核心产品如期交付，最理想的情况当然就是比其他竞争者做得更出色。只不过企业通常不愿意花太多时间围绕这些资产进行额外创新进而获利。

利用基本资产创造额外收益

在边缘战略中，基本资产就是一套在交界地带施展魔法的系统。海洋中的交界地带总是有最多种类的生物群聚，因为那里有一连串频繁的互动，能让生物更容易获取食物。同理，黄昏迁徙也为食肉动物创造了类似的环境：一个小时紧盯森林里的情况，最后必能在猎捕行动中有所斩获。聚集在像新加坡这样的世界贸易中心做生意，肯定比到各个贸易集散地要容易许多。这些利用边缘机会的案例的共同点在于：找到能够支持交界地带的系统就可以获利。

在商业世界中找寻边缘机会，正是着眼于为企业获取额外收益。在企业中，组装机器、构筑网络，或建立关系等会带来积极效果的活动，可能需要付出极大努力，不过一旦把基础结构架设好，经过大规模运用，便会产生极高的边际报酬。我们会不断重述这个基本法则：如果企业能够发现自身的边缘机会，那么只要在现有基本资产的运作系统中增加一笔成本就可以加以运用；反之，如果新进入者重新配置相同的资产，所需的花费可能会十分惊人。

我们以定义产品、挖掘顾客关系本质以及运用资产为出发点，介绍了三种企业的交界地带，也是三种最能产生边缘机会的情形。每一个和顾客互动的机会，很可能都是企业执行核心战略时运用基本资产创造出来的。现在的问题是，哪里才能让资产系统变得更灵活？如何才能让基本资产提供新的选择，让你能细分顾客，而且比使用"一刀切"的解决方案赢得更多顾客？

本书后面的章节将介绍如电信、零售、游轮及医疗器械等诸多行业，都能从边缘机会中创造新的选择，因此，它们也成功地为企业创造了额外收益，带来的利润比原有的核心业务多了好几倍。这不是魔法，而是在企业早就建好的系统里聪明地搭了一趟"顺风车"罢了。

从边缘地带挖掘机会的风险低收益高

我们之前提过，在企业获利上，边缘战略比许多其他战略的风险要小。乍看之下，这可能和我们常见的高收益高风险的特色相抵触。

边缘战略同时具备高收益与低风险的特质，某种程度上是因为风险已经被分散到别的地方。因为当企业运用基本资产来支持核心业务时，资产必须满足投资回报的要求。建立及维持这些资产所需耗费的成本，基本上应完全依据核心业务的表现。企业通过投资或资产配置进行一些额外投入，即可从支持核心业务的资产系统中或多或少地获利，在这种情况下，边缘机会就是核心业务所产生的额外红利。

另一个原因是，大部分获利成长的方法在真正成为新业务时会面对许多不确定因素及潜在的复杂性，成本也会跟着提高，这也许和难以预期的市场力量有关，因为新业务意味着企业本身可以依赖的经验不足，或者简单地说，顾客对于新概念、新产品或新方法的反应如何是未知数。

边缘战略也面临类似的不确定性，唯一不同的是程度的差别。首先，边缘战略的目标是设法从现有资产中获得更多利益，资本支出相对较少，即不需要太多额外资金来承担风险，但这不表示边缘战略不需要投资，仅意味着其承担的风险低于没有基本资产支撑的新业务；其次，就定义上来说，边缘战略是个"内部修正"的概念，因为边缘战略不是要让企业踏进不熟的新领域，而是要借着释放被压抑许久的需求，来重新塑造或规划已熟知的业务或行动。

因此，边缘战略的目的通常不是带来变革，企业不需要放弃核心业务就可以立即实施，所以可想而知，边缘战略是实用主义者的最爱。

问对问题才能发现机会

边缘战略的目标，是让企业发现获利的新方法，然后运用基本资产赚更多钱；要达到这个目标，就必须把眼光放远到核心业务以外的相关商品上，因为那里通常有最多的获利机会（而且令人振奋的是，那里的风险最低）。既然已经有了这么值得一试的计划，接下来的挑战就是探究该从哪里开始。

专注于核心业务的企业往往会问自己："我们最擅长什么？"这个问题固然重要，但如果企业因此变得太过关注自身，一味把重点放在自己的能力上，反而忽略了顾客的需求就十分危险了。

若想找到边缘机会，建议从下列这三个问题开始：

- 不同类型的顾客的需求分别是什么？
- 我们的解决方案能够或者应该包含什么？
- 在我们的资产中，哪一项最有价值？为什么？

这个架构是需求导向（由外向内）而非能力导向（由内向外）的，而且更自然地专注于顾客，可以说是提高获利的绝对关键因素，也是开始研究的最佳观察点；当你以这种方法审视企业的业务时，就会在先前提过的三种商业交界地带中辨识出三种对应的机会，我们分别称之为产品边缘机会、旅程边缘机会以及资产边缘机会。

产品边缘机会最为常见，当企业的产品或服务无法完美满足顾客需求时，便会形成产品边缘机会，企业也因此有机会针对特定顾客群调整产品及服务内容，尽全力满足顾客的所有要求。典型的例子如附件安装、附加服务，或是调整基本服务内容的额外选项，每一项都可以重新配置出更好的核心产品，以便符合顾客的个性化需求。

旅程边缘机会是指用最能达成顾客终极目标的方法来重新定义与顾客间的关系。我们想象顾客正在旅行，或是正要完成一项任务，任何产品或服务都仅是让顾客实现最终目标的一小步而已。旅程边缘机会意味着企业有机会重新定义它们在顾客旅程中扮演的角色，或者扩大其解决方案来完成核心业务交易前后的需求。例如，当顾客购买了一台电视，他必须把电视从包装箱中取出、组合、安装，最后完成各项设定。换句话说，当顾客带着新电视离开收银台时，他的旅程尚未结束。因此，任何能在产品上附加服务的方法就是旅程边缘战略，即将需要顾客"自己动手做"的商品，变成"我来帮你做"的商品。

资产边缘机会是最不易寻找且最具挑战性的边缘机会，不仅无法凭直觉获得，而且如果企业对于核心业务太过于关注，也会妨碍辨识出这种机会的横向思考能力。资产边缘机会是指，支持核心业务的基本资产未预见的用途。在基本资产中，可能藏有某些容易被忽略的价值，如同其他的边缘机会一样，资产早已存在于企业之内，只要天时地利人和，大多时候资产边缘战略能够满足顾客计划之外的需求，数据就是一个最好的例子（稍后的章节里也会提到）。企业在进行核心业务时，通常会收集很多数据，这些数据对其他企业来说常常价值不菲。通常只要一点额外的投资，将数据运用在其他的业务上，就能够让此价值转化为利润。

边缘战略与其他商业战略的互补

你也许会疑惑，边缘战略该如何与其他商业战略配合？简单地说，它们是互补关系。例如，边缘机会存在于企业产品及其周边的某个地方，但是这个机会能带来什么，要看你如何定位核心业务中的边缘战略，以及建立新业务的战略。

你可能会运用许多工具及技术来提升市场份额，或是开发新产品来对抗同业；你也许会发掘机会来提升自己在价值链中的地位、协调与供应商及顾客的关系，或者是找到更容易进入利润池（profit pool，指产业价值链中各环节的利润总和）的办法；也许你会有更大胆的想法，例如深思熟虑后决定投资相关业务，或是开发新的区域市场。边缘战略即是探索获利成长机会中的又一方法，该战略带来的机会，是核心或非核心战略中未曾出现过的。

各行各业都有边缘机会

为了寻找边缘机会，我们针对一些世界著名的大企业做了周密的研究，同时分析了标准普尔 500 指数、S&P 全球 100 指数，以及道琼斯全球指数，结果显示，在所有我们研究的企业里，在战略层面上，只有 45％的企业考虑过产品边缘机会，而考虑过旅程边缘机会和资产边缘机会的企业分别为 30％及 14％（见图 1－4）。

公司百分比（以585家公司为基数*）

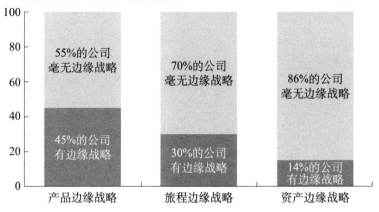

图1-4　使用不同类型边缘战略的企业

　　* 不包括 GE 公司、霍尼韦尔、伯克希尔·哈撒韦、卢卡帝亚、陶氏化学、杜邦公司、3M 公司、丹纳赫、罗珀工业、巴斯夫、拜耳、和记黄埔、信实工业、中国工商银行、飞利浦及三井物产。

　　资料来源：公司网站及财务报表、商业报道及 L. E. K. 咨询的分析。

　　然而，尽管几乎所有我们研究过的产业都存在某种边缘机会，但大部分的企业都无法充分把握。只有大约 10％的企业能够持续发现这些边缘机会，并将之纳入企业战略。它们几乎存在于各行各业，我们称其为"边缘机会取得者"。

　　有趣的是，这些边缘机会取得者同时也是赢家。根据我们的估计，与竞争者相比，这些运用边缘战略的赢家，风险调整后的股东收益率高于对手 15％，在整体获利成长上，也超越对手近 39％（见图 1-5）。

　　我们并非断言边缘战略和企业的成功有绝对的因果关系，

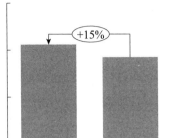
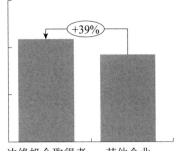

图 1-5　边缘机会取得者与其他企业的投资回报比较

＊此夏普指数根据 2009 年 1 月 1 日至 2014 年 1 月 1 日的每月投资回报资料计算；计算方法为：（平均投资组合收益率－无风险收益率）/投资组合标准偏差。

＊＊相对表现值的计算方式为：公司整体表现除以产业整体表现后的未加权平均数。产业整体表现并未加权，仅包含有边缘机会取得者的产业，规范了产业间收入成长率的差异。

说明：复合年均增长率的分析不包括这期间平均成长值为负数的企业，也不包括：GE 公司、霍尼韦尔、伯克希尔·哈撒韦、卢卡帝亚、陶氏化学、杜邦、3M、丹纳赫及罗珀工业。

资料来源：公司网站及财务报表、S&P Capital IQ 及 L. E. K. 咨询的分析。

毕竟它是一种附加的战略，不会是企业成功的唯一因素。不过，大部分能张开双臂拥抱边缘战略的企业，的确也是业界翘楚，由此可见，边缘战略不失为成功企业的秘诀之一。

因此，虽然边缘机会随处可见，不过并未被充分利用，因为许多企业尚未体会到边缘机会的强大效果。倘若企业没有适当关注或优先考虑这些机会，再加上缺乏正确的思维，要想偶然发现边缘中的机会，可以说是难上加难。事实上，其中的技巧不外乎认清边缘机会的性态与正确提问而已。

· · · · · ·

能否在边缘地带的战役中取胜，主要取决于能否辨识出边缘机会，用性态来辨别不失为一种合适的基本方法。这和分析企业的方法稍有不同，需要运用一点周边视觉，不过，最重要的还是必须用全新的角度来思考企业的未来，也就是边缘思维。本书将带你练习在不同的商业领域中、不同的情况下，辨识出三种不同性态的边缘机会。希望其中某些性态能与你以及你的企业产生共鸣。

本书内容分为两部分。第一部分为边缘思维与战略架构，将边缘战略分成几大类，并且介绍贯穿本书的架构；第二部分分享了将边缘思维应用到商业挑战上的例子，我们的经验将引导你轻松驾驭企业中的边缘机会。

第二章介绍产品边缘战略。产品边缘是指当企业的产品或服务无法完全符合顾客需求时，会产生重新审视企业业务边缘的机会，以便能让顾客更加满意。我们运用简单的架构定义出你的产品及顾客需求之间的重叠区，而二者之间的方向偏差也可以为你的企业创造出战略性的出口。这一章也介绍了两种不同的产品边缘战略，即外部边缘与内部边缘，第二部分将进行更详细的探讨。

第三章介绍第二种边缘战略，即旅程边缘战略。我们设计了关于顾客旅程的概念，旅程边缘是指重新定义自己在顾客完成最终任务的过程中所扮演的角色。特别是在重新定义的过程中，需要扩大企业的解决方案来满足顾客在交易前后的需求。我们研究了全食超市的案例，这家有机超市的预制食品区在帮助顾客准备好一餐的过程中扮演了非常重要的角色。

第四章是第一部分的总结，将探讨第三种（也是最后一种）边缘战略，即资产边缘战略。资产边缘在所有边缘战略中是最高阶的，当企业能确切运用已有资产，同时能在顾客与产品的交叉点上运用资产的潜力发现价值时，就能够找到资产边缘机会。

资产边缘战略源自一个根本问题：除了直接的竞争者外，谁还会为使用企业的基本资产付费？我们会详细解释基本资产的概念，进而说明如何通过销售基本资产的使用权来获取经济利益，同时不会影响企业的核心业务（此即资产边缘战略的效果）。本章最后将介绍三个令人惊艳的案例，以说明资产边缘战略的基本原则。

第一部分在介绍三种边缘战略时，强调企业需付出额外的努力，明确地利用基本资产，而且可以将战略附加到核心业务上。此外，我们基于世界三大全球股票指数，针对边缘战略进行全面研究，收录了量化及描述性的证据，让这个架构更具说服力。

第五章为第二部分的开端，重点介绍如何有效升级销售。本章将探讨如何运用产品及旅程边缘战略来升级销售，满足顾客不断提升的需求。由边缘战略带动的升级销售有别于传统销售，能促进企业采纳独特、个别化的附加选项，自然会重新定义公司与顾客之间的关系，提高顾客的满意度。

本章后半部分将说明如何有效创造升级销售的时机。即针对顾客的基本需求（便利性、舒适性、减轻痛苦、安心、热情及知识），分别归纳出六种以边缘机会为主轴的升级销售策略，并且详细介绍升级销售霸主皇家加勒比国际游轮公司的真实案例。最后则会探讨如何在顾客面前提供升级销售选项，以达到最佳效果。

第六章介绍的是另一种现实情境，即在面临利润压力的情况下，如何通过边缘战略逆转劣势。我们必须承认，有些顾客无法为你带来收益，此时边缘战略便能帮助你应对这一情况，改善顾客与利润之间的平衡，尤其是产品边缘战略（内部边缘）特别有效，能排除产品多余的部分，保留下来的基本产品内容能让你从顾客群中获利更多，亦不会流失重要的顾客。我们提供了一些案例，涉及航空公司、加油站及医疗器械公司，说明如何在经济不景气时借此维持收益。本章最后提到，某家非营利机构在经济大衰退时期，利用内部边缘战略帮助许多公立学校减轻预算压力。

第七章旨在对抗产品同质化，同时特别着重于运用边缘战略促进营销效果。本章探讨如何利用选择来重新定位商品，通过这种快速、低风险、资金密集度较低的方法强化商品的辨识度。这里的重点在于，运用不同的产品及旅程边缘战略带出产品的附加价值，并且从中获利。我们一步步从边缘思维探讨到其他定制化方法、解决方案及捆绑销售等工具。最后，我们会提供边缘销售模型来更全面地说明本章探讨的概念。

第八章讲述大数据如何让边缘战略在企业里变得更有力。企业收集的数据量不断增长，为许多人带来了新的挑战，同时也是新的机会。懂得利用数据来强化边缘战略的企业正想方设法找出能创造价值的新方法，在我们的研究中，也发现众多新兴实例。本章研究了多种通过数据强化边缘战略的方法，同时探讨为何许多企业（不只是高科技公司）能通过出租数据使用权来帮助打破常规的、精通技术的用户获利。

第九章重点归纳了一个众所周知的现象：企业并购常会摧毁原有价值。本章会提到帝国化学工业有限公司近百亿美元的市值在十年内几乎蒸发殆尽的原因。成功的交易需要承诺中的新收入可以变为现实，我们提倡运用边缘战略的观点来验证交易的协同效应。本章阐述了一家生物科技公司如何比其他大型制药厂更懂得运用边缘战略进行并购，特别是把高增值效益与边缘导向的交易结合在一起的成功经验。另外，我们通过百思买公司旗下奇客小队的例子来说明，为什么有时候交易本身可以培育或加速边缘战略的成长。

最后，第十章将重述本书的重点，并介绍能轻松辨识及启动边缘战略的十个步骤。此外，这一章简洁有力地阐述了我们三十年来在帮助各大企业寻求边缘机会的过程中所累积的经验。

第二章

产品边缘：重新思考业务范围

　　说到产品战略家，大概没有人比得过史蒂夫·乔布斯。从关于苹果公司的成功历程及其领导人聪明才智的报道中，可以找到一个共同点：乔布斯坚持研发出最好的产品。他的核心目标是设计出完全满足消费者需求的产品，这也是产品边缘战略的中心思想。

　　"以顾客为中心"并不是新理念，许多企业的运营哲学都是倾听顾客的需求，试着找出市场的缺口，同时构想出填补缺口的方案。然而，仅是做到满足所有顾客需求就已经非常艰难了，况且还要清楚地知道谁是你的顾客，这一点格外重要。

更精确的说法是"顾客是谁"。现今在任何市场，顾客类型都不会只有一种，每家企业都试图为各类顾客服务，不过这会给产品设计带来一个问题，即设计产品时必须向设定的顾客群做出妥协。就算你能够精准制造出适合目标顾客的完美产品，还是难免会遇到对产品及服务不满意的顾客。

发掘产品边缘的机会

产品边缘的概念，包括能针对不同顾客改变产品的价值。如同在第一章提到的，你可以借助一个代表核心业务的圆圈来思考边缘机会（见图2-1）。圆圈内是企业的产品特色及优势的总和，圆圈的边缘则反映了产品周边的范畴。以苹果公司的iPod为例，这款数字音乐播放器可以通过无线上网或连接到计算机来添加音乐；iPod有不同的颜色、大小及形状，还有不同的存储空间，iPod有彩色屏幕，iPod可以在商店里或网络上购买，也能授权使用iTunes Library等，这些都是它的功能特色。

接着画出第二个圆圈，代表顾客想要得到什么，期望需求被如何满足，这个圆圈称为顾客期望设定，反映了顾客期待获

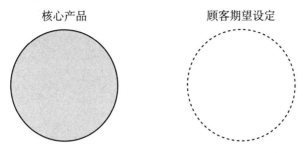

核心产品　　　　　　　　　　顾客期望设定

核心战略的目标，在于使核心产品达到顾客期望设定的需求。

图 2 - 1　企业的核心产品

得的产品内容。举例来说，顾客也许会要求："我想要一台可以存储至少一千首歌的音乐播放器，跑步时我能把它随身放在口袋里。"

在理想的情况下，两个圆圈可以完全重叠（见图 2 - 2），表示企业提供的产品完全符合顾客的需求。

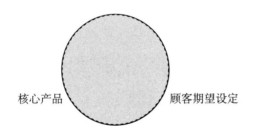

核心产品　　　　　　　　　　顾客期望设定

核心产品的边缘与顾客期望设定的边缘完全重叠代表产品完全满足顾客的需求。

图 2 - 2　核心产品与顾客期望设定重叠

然而现实中这种情形很少见，就连你的目标顾客群也未必会满意每次的消费体验。这也许是因为从设计产品开始，顾客的需求会随之提升，也许是因为产品本身在融合许多顾客需求后反而变得不完美。我们发现，有一部分的顾客需求和原型顾客会有稍稍不同，甚至相去甚远，因此核心产品也不可能完全符合顾客需求。不过，这种情形却间接让企业拥有运用产品边缘战略的机会。

外部边缘（outside edge）是产品边缘最普遍的形式。通常来说，不论是哪种行业，产品都可能会忽略某些顾客的真正需求，即便是已经被满足的顾客，仍然会有些超越核心产品能提供的需求；换句话说，顾客的某些需求完全在核心产品之外，而在外部边缘里（见图2-3）。运用外部边缘机会意味着要向顾客展现产品优化的结果，优化的结果一般是需额外付费的项目，或是可选择的其他产品。这项战略的逻辑正是本章开头介绍的观念：你越能精确满足顾客的需求，顾客打开钱包的次数就会越多。

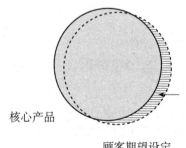

核心产品

外部边缘：当核心产品无法满足顾客需求时，即会出现产品边缘机会。

顾客期望设定

当核心产品无法完全符合顾客期望设定时，产品边缘机会便会随之产生。

图2-3　核心产品的外部边缘

苹果公司的外部边缘机会

2001 年年底，走进最早开业的苹果商店买一台新的 iPod 需要支付 399 美元。这款产品当年以"你可以随身携带一千首歌"为宣传语，它兼具伟大的设计与先进的硬件配置，成为当时体积最小但功能最强大、时尚又有型的个人音乐随身听。有了 iPod，就能从 Mac 计算机上传近一百张音乐专辑（第一代 iPod 需通过 Mac 计算机来传输），放在口袋里随身携带，电池最长能续航 10 个小时。即便 iPod 的功能已经十分多样化，但消费者与苹果公司的关系可不会就此止步，这只是开始而已。

第一代及接下来的六代 iPod，或是 iPod mini、iPod nano、iPod shuffle 及 iPod touch，都能为消费者提供一系列的选择。除了随身听播放器，你可能还会购买随身听套或充电座，也可能加购迷你麦克风、耳机或额外的传输线，甚至连 FM 调频发射器也不放过。

这些就是所谓的周边商品或配件，虽然它们并不是使用 iPod 时必备的，但能提供某些额外的功能，让 iPod 变得更实用或更好用。苹果公司自行生产一部分配件，另一部分则授权给其他公司制造，然后贴上"能与本品牌兼容"的标签，消费者在苹果商店可以找到这些周边产品。

在人人耳熟能详的苹果公司的故事里，充斥着产品的边缘机会。如果核心产品是 iPod，那么产品边缘机会便是一系列周边产品，消费者可根据个人需求购买。授权给格里芬（Griffin）及 InCase 这类公司生产周边产品，为苹果带来不断递增的高收益，甚至不需要高额投资就能坐享额外收益。允许第三方生产像 FM 调频发射器之类的周边产品，对苹果公司来说，风险极低，就算哪天这项科技面临淘汰，苹果公司的核心产品也不会受到影响。不过，这仅是苹果公司运用产品边缘战略的开端。

苹果公司向来以生产硬件为主，大约 90% 的收益来自其硬件设备（如图 2-4），从这个角度来看，苹果公司的音乐及视频下载服务，即 iTunes，可视为支持核心硬件产品的另一项外部产品边缘战略的实例。

苹果公司的 iTunes 平均每年从每位用户口袋赚取 13 美元，其卓越之处在于 iTunes 是产品边缘机会的平台，能使用户持续通过购买周边产品来优化核心产品，每一次下载都是改善核心产品的有效措施。

乔布斯说过，苹果公司赋予顾客选择性购买附加商品的能力，让核心产品变得更优秀，结果显示消费者一而再、再而三打开钱包来满足自己的进一步需求，这就是外部产品边缘战略

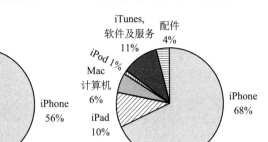

图 2 - 4 苹果公司 2014 年的财务明细

资料来源：苹果公司。

的本质，它们有以下特征：

● 周边产品（此例中为媒体内容）根据顾客个人需求单独销售。

● 苹果公司无须付出过多努力（苹果从未尝试生产音乐，仅是作为渠道）。

● 利用基本资产获得额外的收益（此例中是指 iTunes 软件平台及下载内容的硬件设备等）。

● 从上述因素得到的投资报酬率很可观（例如，据分析师估计，iTunes 的音乐及内容的毛利率约为 15％）。

2008 年推出的应用程序商店（App Store）是苹果边缘机会更具爆发力的新里程碑。苹果同意由第三方开发其核心产品（iPhone 或 iPad）的应用程序，让消费者在应用程序商店中购买下载，而苹果则可以从营收中分享部分收益。同理，应用程序对手机等移动设备来说是可选的扩展服务，但它们可以提供附加功能来赚取额外收益。

iTunes 中的音乐由媒体公司提供，应用程序商店中的软件则具有真正改善核心产品的功能，这些做法均是运用别人的创新及创意为消费者提供更丰富的选择。在应用程序商店及iTunes 的实例中，苹果皆是利用他人的成果来获利，同时还能减少自身的风险：如果某个软件或某一首歌不再受欢迎，苹果本身的损失也微乎其微。应用程序商店的每一笔交易，苹果公司均要分享一定比例的收益，甚至高达 46％。

就连应用程序商店里的软件也具有边缘机会。例如每日玩家超过 500 万人、空前成功的游戏《部落冲突》（Clash of Clans），游戏中有个名为"应用程序内购"的功能。在《部落冲突》中，玩家可以建立一个团队并加以训练，通过攻击其他玩家来赚取虚拟的黄金、灵丹妙药及各种宝石。游戏中也允许玩家支付现金来增加虚拟战斗力（例如 4.99 美元可以买到 500 颗宝石），这就是所谓的应用程序内购，不受任何限制。在应用程序中购买附加产品及额外功能，是应用程序商店中的标准模式，也是程序开发者的外部产品边缘战略。无论应用程序（核心产品）在商店中是收费或免费下载，消费者都有足够的理由购买附加产品来满足更多的需求。苹果公司基于此产品边缘机会也获取了部分收益。

在苹果公司所有外部产品边缘机会的例子中，可以找到几个共同点：

- 针对核心产品提供可选择的、具有强化功能的周边产品。
- 附加产品可从核心业务的基本资产中获利。
- 不需额外付出太多努力及投资。
- 周边产品需额外付费。

内部边缘也有机会

当公司的核心产品无法符合顾客期望设定时，就可能存在提升的机会，当然可能需要降级。举例来说，产品与顾客期望有落差可能不是因为核心产品缺少某些功能，反而是因为其具有顾客不需要的某些功能。某些对目标顾客很重要的内容，可能其他顾客并不需要，这就是产品的内部边缘（inside edge）机会（见图 2-5）。

如果企业具有内部边缘，就有机会移除标准产品中对于某些顾客来说不重要的内容，同时针对有需求的顾客收费提供此服务。或者，企业也可以针对所有顾客均减少产品内容，重新定义最基本的标准产品。

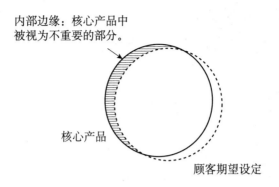

内部边缘：核心产品中
被视为不重要的部分。

核心产品

顾客期望设定

当并非所有顾客都完全重视核心产品中的某些内容时，就会产生内部边缘机会。

图 2 - 5 核心产品的内部边缘

内部边缘机会一：拆分产品分别收费

所谓的"拆分"（unbundling）内部边缘，就是将产品中不受青睐的内容拆开来另收费，把其价值提供给有需求的顾客，同时节省了将此价值提供给不需要的顾客所付出的成本。

此拆分战略并非新的概念，早就应用在许多行业中，例如法律服务上的拆解（如律师仅提供审阅合同等单一业务，而非全权代表顾客），或将软件从计算机系统中拆解出来（不是销售预装操作系统的计算机，而是单纯销售硬件）。最典型的拆分模式便是，将一件核心产品拆成一系列产品。

例如，当 iTunes 开始单独销售歌曲时，就是拆分了原先的核心产品（专辑），同时改变了音乐产业的运作模式。产品内部边缘基于核心产品，同时创造了拆分产品中部分内容的机会，将拆出的内容以附加产品的形式提供给目标顾客群。

2008 年，美国的航空公司发觉，不是所有人都需要（涵盖在一张机票费用里的）全部服务，因此打开了从"一刀切"的产品中拆分服务项目的大门。例如，许多旅客不需要托运行李，过去这些旅客的机票钱补贴了托运数件行李的旅客所需的高昂费用。航空公司将这项费用从机票中拆分出来，演变成今日使用者付费的做法。

内部边缘机会二：简化不必要的功能

面对内部边缘，简化（de-contenting）是第二种应对方法。当越来越多的顾客已不再需要产品的某些内容时，最好的方法可能就是化繁为简。

在下列情况中，产品中的某些内部边缘被简化或移除，顾客不一定会欢迎，但可以接受：

- 绝大部分的顾客不需要某些内容。
- 简化后可以带来便利，例如自助服务。

● 简化所节省的成本可以降低产品的价格。

加油站和零售商熟练地运用了此策略。这些公司精简了原有的人力，同时引进自助设备，从某种角度来看，让顾客得到自助的便利，顾客甚至可以节省成本。

近年，这项简化策略开始被医疗界运用。美国施乐辉及其他医疗器械公司就采用这项策略来应对美国医疗行业成本的挑战。举例来说，施乐辉销售骨科植入物时并没有可提供咨询服务的销售代表，也就是说当医院以较低价格购入人工膝盖或髋关节时，购买的"只有设备而已"。如同自助加油会吸引不喜欢太多服务的顾客，顾客购买没有销售人员可咨询的医疗器械，也可以享受更低的价格。

拆分与简化这两种内部边缘战略有个共同点，就是能有效对抗利润下滑的压力。在企业中，产品的内部边缘机会通常发生在当行业层面发生结构性的巨大变化时，如油价攀升、整体需求急速降低、医疗保险制度发生结构性改变等，这类非人力可避免的挑战正是激励公司找出产品内部边缘机会的大好时机。第六章将更详细地说明实施产品内部边缘战略的案例与效果。

第三章将介绍第二种边缘战略：旅程边缘战略。

第三章

旅程边缘：协助顾客达成目的

美国全食超市的成长是过去 20 年来最成功的故事之一，其股价在 1994—2014 年间的上涨超过 3 000％，收益率甚至是标准普尔 500 指数同期公司的 8 倍以上。它成功背后的原因是：创新的概念、在有机食品浪潮中恰到好处的品牌定位，以及最关键的——在浩瀚"旅程"中与顾客的合作哲学。最后这个因素即为旅程边缘（journey edges）的前提，亦是本章的重点。

模拟顾客的消费旅程

在边缘战略中，由产品划定的边界不一定能清楚界定吸引顾客参与消费旅程的起点与终点。顾客的消费旅程通常在与企业真正接触前就开始了，而且在与企业交易之后还会继续下去。

让我们思考一趟真实的旅程。如果一位女士从纽约到洛杉矶出差，航空公司可能看不出顾客旅行的真正目的。尽管有办理登机手续、机场安检、登机、飞行、领取行李等能与顾客接触的环节，航空公司依然可能猜不出顾客旅行的目的。

让我们更详细地审视所有步骤。首先，这位女士可能是在线通过旅行社规划行程，接着购买了新的行李箱，在进入机场前先将车子停在机场的停车场，在踏出机场后到酒店办理入住手续，然后和客户一起吃晚餐。如果这位女士的最终任务是和客户谈一笔大生意，那么事实就和航空公司推测的"单纯搭机"相去甚远。

如果航空公司知道这位女士此行的真正目的，那么提供的服务内容极有可能会发生改变。这位全神贯注、即将要谈一笔大生意的女商人，思维肯定和坐在她左边要回家和丈夫团聚的退休女士，或是坐在她右边正要去度假的大学生有所不同，他们对于航空公司的服务当然也会有不同需求。

如果更进一步深入下去就能够把整趟旅程的真实样貌看得更清楚。也就是说，整个旅程由一串事件组合而成，包括在得到理想结果之前所进行的各种交易。不难发现类似的"旅程"几乎存在于每一种商业行为中。几乎购买每一项产品或服务的顾客，都在追求一个（对他们来说）比实际交易要大上许多的目的。对于顾客正在设法完成的任务来说，一项产品或服务只是过程中的一部分而已。顾客买了一台电视，只是因为想拥有这台机器吗？还是想坐在自家的沙发上享受休闲时光？顾客到有机超市的目的，只是购买食品填满冰箱吗？还是让家人享受一顿热腾腾的美食？

有时候，顾客会将产品视同任务本身；但更多时候，相对于单一产品，顾客真正的目标是达成更费功夫、涵盖更多步骤（包括消费其他产品或服务）的任务，单一产品不过是过程中的"龙套"罢了。我们把顾客为了完成终极任务所进行的一连串步骤称为顾客旅程。大多数企业在顾客旅程中仅和少数几个步骤有交集，其交集处即会产生边缘机会。旅程边缘界定出企业目前可看见的顾客旅程中的某一部分。

不过，这种参与程度不是固定不变的。顾客在旅程中时常充满挫折，往往需要更好的地图指引前进的方向。如果企业能够以自然且互补的方式陪伴顾客往前迈向目标，就很有可能找到自己的旅程边缘机会。

在消费旅程中多陪顾客走几步

引入旅程视角有助于扩展解决方案，满足顾客在核心业务交易前后的需求。要找到旅程边缘机会必须提出以下问题：顾客最终想利用我的产品完成什么任务？顾客会愿意让我帮助他朝目标更迈进一步吗？

回到第二章介绍过的架构，假设核心产品已非常接近顾客的期望设定，虽然还没达到完美的重叠，也的确有些需要改进的地方，但多多少少已经符合顾客期望了。现在，让我们更全面地思考顾客旅程中的要点，请想象有另一个涵盖住顾客期望设定的大圆圈，代表顾客最终想在旅程中达到的目标（见图3-1）。这个圆圈称为顾客任务空间，代表了更广泛的目标，而核心产品只不过是一块"垫脚石"。

也许在过去的经验中，你的顾客从未想过你能提供进一步的帮助，也许你也从未想过要询问顾客，是否能在这趟旅程中多陪他走几步路。这两种方法都能在现有的顾客期望设定边缘上找到机会，重新定义企业现阶段的参与（见图3-2）。如果顾客愿意让你在已经完成的工作（最终任务的一部分）边缘上

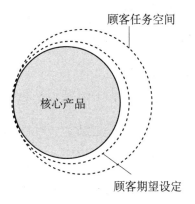

图 3 - 1　顾客任务空间

再提供多一点协助，就表示你已经在这个旅程边缘上找到了机会。

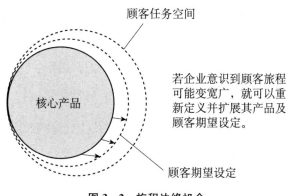

若企业意识到顾客旅程可能变宽广，就可以重新定义并扩展其产品及顾客期望设定。

图 3 - 2　旅程边缘机会

如同第二章讨论过的，产品边缘暗示了，为满足需求多样化的不同顾客，有必要强化产品或提供选择性功能，以便提高产品的充分性。旅程边缘则更进一步挑战了"产品中任何改变都是恰当的"这个前提。为满足更广义的基础需求，企业不仅必须在核心产品上附加额外功能，甚至在核心产品外，也要有额外且顺理成章的产品及服务。

在了解旅程边缘时要切记，事实上这些边缘一直存在。但是垂直整合策略已经超出旅程边缘定义的范围，垂直整合的目标是思索如何将核心业务向外扩张，进而开启价值链中全新的阶段。虽然获得上下游的利润也许值得，不过在顾客旅程中，只是稍微多前进一点，可能就会出现非常不同的风险。垂直整合往往需企业有重要发展，或获得全新的资产及技术，其绝大部分的成功要素通常一开始都不存在。

因此，投资某个邻近领域创造的新业务，并不是利用边缘机会。旅程边缘战略和那些激进的战略不同，是以递增的形式自然出现，而非刻意额外投资创造。例如，稍稍扩大原本已经存在的顾客期望，而不是寻求建立新的顾客期望设定。换句话说，旅程边缘可以与核心产品互补，而作为支持的基本资产也早已存在。

分析顾客任务目标的步骤

一些核心业务的附加业务，可以被视为旅程边缘。举例来说，零售商常配合销售提供安装或组装服务。一般家居用品零售商出售的户外烤肉架通常未经组装，对于顾客来说这是一项未完成的任务，如果零售商同时提供组装及送货服务，就是在朝顾客的真实任务旅程（在自家后院烧烤）前进。另一个例子是企业销售软件的服务合约将维修、安装、员工培训、运送等任何需顾客"自己动手做"的内容变成"我来帮你做"的解决方案，都是从寻找核心产品与顾客旅程相交集的边缘的过程中产生的。

以科尔法克斯公司（Colfax）为例，这家企业市值数十亿美元，主要生产工业产品，其 ESAB 部门是世界顶级焊接消耗器材及设备制造商之一，顾客遍及欧洲中东部、南美洲及亚洲，核心业务包括焊枪、TIG 焊接器材及工具必备的消耗性焊接填料等。科尔法克斯公司有一套强大的边缘战略，除产品之外，ESAB 部门也在其核心产品的边缘上提供了许多相关服务，包含焊接教学、产品培训以及增值型的工程（咨询）协助，其中有些可以创造收入。此外，第七章中会提到，这些额外服务可以和产品捆绑销售，一同创造更高的营业额。由这两种服务可以看出，公司早已做好准备，要在销售产品时慢慢接近顾客的最终任务。ESAB 部门采用的方法同其他发掘所有的旅程边缘机会一样，大致可分为下列四个步骤。

步骤一：划分顾客群

首先，根据顾客的最终任务，及帮助顾客达成目标的旅程类型来区分顾客，以便整合管理类似的顾客群。如同先前提到的旅程案例，从纽约到洛杉矶，不同顾客在使用产品时往往会因为最终任务的不同而有差异。

现实中顾客任务五花八门，在ESAB部门的例子中，我们简要列举两种顾客。第一位顾客是金属制品厂的采购经理，要购入大批消耗性焊接填料来补充库存；第二位顾客是钻井平台的工长，任务是完成偶发性的大修。这两位顾客的交易内容相同（如采购大批焊接填料），但最终任务或旅程截然不同。可想而知，采购焊接填料在两者的旅程中也会扮演完全不同的角色。

步骤二：定义任务

第二步是要具体找出这两位顾客分别要完成什么任务。乍一听很容易，但事实上却要保持极度客观，能揣摩顾客心理，不被产品特色左右。在公司决定（在现有核心业务之后）下一步该往哪走之前，需要先深入研究顾客真正需要的是什么。

ESAB的例子中的第一位顾客，即金属制品厂采购经理的任务，是让填料库存不短缺，以保证生产过程不中断。在这里，

ESAB 的产品销售应付起来绰绰有余。对于第二位顾客，即钻井平台的工长来说，任务就相对复杂一些，购买焊接填料可说是主要任务延伸出来的末端任务。这位工长需要购买足够的焊接填料来完成这个一次性的工作，但其真实任务却是完成钻井平台的大修工程。这两种不同的任务会让人对交易产生不同的看法，钻井平台的工长完全专注于解决费用高昂的问题，相较之下，填料的成本就显得微不足道。

步骤三：绘制旅程地图

第三步要回到任务本身，绘制出每位顾客欲达到其目标的旅程地图，这是个严谨的过程，意味着从顾客意识到其广泛使命那一刻起，直到任务达成，每一步都需经过仔细评估。

回到 ESAB 的例子，金属制品厂采购经理必须确保随时有适当的维修材料，这表示 ESAB 的供货已占了顾客旅程中的80％，然而 ESAB 仍未完成这趟旅程，因为采购经理还必须持续关注库存状况，决定何时应再下订单。所以若 ESAB 能获得更多顾客期望设定，提供额外的库存管理服务的话，可以想见其旅程边缘将得以略为扩张。

而对于钻井平台工长来说，供应材料只是一小部分，大约只占最终任务的 20％，ESAB 在这趟涉及许多环节的旅程中不过是一个小角色。在这趟旅程中，工长购入产品前后有许多步骤，包括确认问题、规定具体维修内容，以及在与 ESAB 有任何互动前决定所需产品供货商。在从 ESAB 购入填料之后，钻井平台一定会需要临时的协助、培训及监督员工完成维修中的焊接工作。更重要的是，工长为了让钻井平台能尽快恢复运作，可能会十分愿意购买额外的支持服务。这两个截然不同的例子说明了如何在两种顾客群中创造出不同的旅程边缘机会。

钻井平台工长的旅程中的许多步骤也许都离核心产品太遥远，以至于难以形成边缘战略。事实上，若 ESAB 要进入焊接维修领域，看似与现有业务很接近，却会大幅提高自身风险；然而咨询、培训及指导工具操作等业务都可以成为边缘机会，也是绝大多数现有基本资产能支持的额外行动。明确画出旅程地图，可以帮助企业感知到低风险的边缘机会在哪，以及该如何把握机会（见表 3-1）。

表 3-1　　　　ESAB 在两种顾客任务中递增的动作

顾客	期望设定（最初）	任务空间	旅程边缘机会	最初的期望设定与参与旅程的百分比	运用边缘战略后参与旅程的百分比
金属制品厂采购经理	采购焊接填料	维持足够的存货	库存管理服务	80%	90%
钻井平台工长	采购焊接填料	完成大修工程	培训及咨询如何使用焊接产品	20%	30%

步骤四：测试顾客期望设定

最后，请务必确定顾客愿意接受你提供更多服务的期望设定在哪里。在许多案例中，顾客也许不信任企业参与后续任何一个阶段，也许顾客已经在某些阶段中得到了良好的服务，或是在某些层面上扩展新业务可能会显得不自然且毫无条理。然而，如果你能提供比顾客原有的方案更便宜且更有效率的方法，旅程边缘机会就近在眼前。

在 ESAB 的例子中，边缘机会便是被定位为产品支持的服务项目，包含与顾客间的实时互动咨询。如生产力评估、利润分析以及提出改善建议等，便是将产品与咨询捆绑销售的结果，目的是改善顾客满意度。ESAB 可以针对某些服务另收费作为额外的边缘收益，或是将这些服务当作获得更多交易机会的工具。

ESAB 成功的关键在于早已具备提供这些服务的知识。ESAB 发掘机会的能力优异，是因为早已为现有顾客提供这些系统、工具及消耗品。熟悉顾客需求，是 ESAB 能够从旅程边缘机会中获利的关键资产。从基本资产中获利当然是迈向顾客旅程的绝佳时机。

事实上，旅程边缘机会能够事先测试。一项商品或服务不在现有的顾客期望设定中，不代表未来无法存在于其中。通过与顾客的对话，可以分析出顾客在哪些地方需要进一步的协助，以及顾客评定自己适不适合担任这个角色的重点在哪里。无论何种方式，都要递增地采取行动。让旅程边缘成为边缘机会的重点，在于绝大部分用于满足顾客额外需求的要素早已存在。这让旅程边缘能同时具备高获利和低风险的特点，提高顾客的信赖度，进而增加顾客在额外旅程阶段进行消费的概率。

全食超市的旅程边缘战略

当第一家全食超市 1978 年出现于美国得州时，谁也想不到这家公司有一天能提供一个完整的餐饮区。当时，全食只是一家专卖有机食品的超市。经过这么多年，店内原有的小小的熟食柜台，变为一系列顶级熟食区，有寿司吧、烧烤摊、墨西哥食品摊以及浓缩咖啡吧，每个柜台后都有专业厨师，也有员工随时清理桌子，保持饮食区的干净整洁。这个转变究竟是怎么形成的？

全食超市是个从现有业务中找到旅程边缘机会的绝佳案例，这家公司明确地将这个方法带进市场，利用增值服务作为在边缘上拓展顾客关系的工具。对于顾客的旅程模式，全食超市的联合首席运营官加洛曾告诉华尔街分析师："全食超市配置供货内容的策略是依据不同消费者的任务。"根据加洛的说法，有

"我只想买些原料"的顾客模式，也有"我想买预制食品回家做菜"的模式，还有"我想买熟食直接食用"的模式。

全食超市拥有许多生产预制食品所需的基本资产，也拥有店面及稳定的客流量，此外还有良好的顾客关系，能够自然把握住和顾客间的互动，甚至拥有强大的美食及有机食材供应链（比绝大多数餐饮业者的购买能力要强大许多）。成立美食区必然需要投资厨房设备，以及打造可以容纳用餐顾客的区域（有时是开辟二楼），这些只需要在人力模式上做些微改变即可。整体说来，这样的改变比由第三方开辟新的类似概念要有成效得多。

这项旅程边缘战略的结果让人惊艳。全食超市 2014 年预制及烘焙食品的销售额高达 27 亿美元，大约是公司营业收入的 20％。预制食品的毛利率为 55％，约是全食超市整体毛利率的 1.5 倍。这个现象屡见不鲜，如果能建立一套完善的互补机制，那么核心业务就能令附属业务也为公司带来丰厚的营收。

全食超市之所以能成为经典的旅程边缘战略案例，完全是因为预制食品是原有业务（每天提供新鲜食品）的自然延伸。新业务与核心业务息息相关，和核心业务有直接互补的关系。再者，创始人约翰·麦基始终记得发挥企业的边缘特性。麦基让全世界知道，他无意将全食超市这个品牌拓展到其他与食品相关的服务圈中。"我再次澄清，我们并非想开快餐店，"麦基曾这么告诉分析师："我们是食品零售商，同时，我们有一套良好的战略。如同你所看到的，我们的营运结果相当成功。我们应该坚持到底而不是分散精力。"

彩生活服务集团的旅程边缘战略

旅程边缘战略的潜在应用不胜枚举，我们在分析了数百家国际性企业后，发现将近 30％的企业都运用了旅程边缘战略。结合战略与战术，最普遍的形式大致包括咨询、培训以及设备安装。许多不同的国家都有运用旅程边缘战略的例子。通过附加选项重塑顾客关系的有力观点，超越了文化与地域。

中国深圳也有一个应用旅程边缘战略的优秀案例。在香港证券交易所公开上市的彩生活服务集团是中国地产管理领军公司之一。2014 年该公司在中国管理超过 500 栋公寓，其基本资产包括一套集中式自动化的地产管理系统，每栋公寓都会派驻服务人员，以及最重要的是有一大群租户。

彩生活最初有两项核心业务：一项是物业管理，包含安保、园艺、清洁、维修及保养；另一项则是工程服务，包含设备租赁、安装及维修。然而彩生活为了改善住户生活质量，又引进了有别于这两项核心业务的第三项业务，提供住户线上到线下服务平台，由合格的当地供货商来提供自己的服务及商品。

彩生活察觉到，与顾客的合作关系正式结束之后，顾客仍有许多需求未被满足，也知道有很多供货商急于提供这些服务给顾客；不过，若自己直接提供这些服务，等于是承担高风险进入不熟悉的相关业务。其实，只要促进交易能更顺畅进行，就已经处在企业核心业务的边缘上了。

彩生活认为，顾客不只是租赁维持良好的空间，更是在营造自己的家。确切来说，顾客会需要便利的生活服务，例如新鲜食物、鲜花、装饰品、家具维修，以及与维护公寓相关的任何事情。良好的供应网能让住户在居住旅程中的每一个阶段既迅速又便利地获得帮助。

彩生活的创新之处，是为供货商创造出线上与实体的市场，让供货商能出售商品给租户，同时还能自由调配自己的基本资产。比如利用现有的小区中心，给当地供货商提供实体商店的空间；线上则提供日常用品购物平台，这个解决方案利用了原本用于服务人力资源系统的网络运营中心。

小区租赁、销售及其他服务成为给彩生活带来边缘收益的第三项业务，占营业收入的 17%。对利润率的影响是边缘利润最大的益处。中国物业管理的利润率平均在 5%～10%，相较之下，彩生活在 2012—2014 年年底的三年里，利润率平均达到 30%。

百思买公司如何利用旅程边缘机会

旅程边缘机会还有一个吸引人之处，就是即使不特意做任何事，机会也会自己浮现。许多企业常会忽视这个现象，将其视为特例。事实上，有些企业甚至抛弃了本有的边缘机会，全然不知自己浪费了多大的潜力。

如果一项业务正处于或十分接近顾客旅程的起点或终点，那么顾客很可能缺少协助任务开始或结束的对象，而会寻求旅程中离该阶段最近者的建议。顾客旅程起步阶段的互动通常包含界定选项范围、设计解决方案，或评估完成一项事务的经济可行性。某些业务员为了成功销售核心产品，可能会免费提供这些服务。同理，在旅程快结束时，与顾客在延长产品寿命、重新配置产品，以及产品处置上的互动，都是寻找机会的好地方。

第九章将说明，消费性电子产品龙头百思买正是善用这类机会的最佳范例。百思买收购了奇客小队，专职提供技术服务，让顾客在购买商品之后能朝终极目标更进一步。如果某位顾客购买一套家庭影院系统却不会安装，奇客小队可以提供收费的安装服务；计算机老化出现问题，奇客小队也可以帮顾客维修。

百思买在商店的角落设置了奇客小队的柜台，其边缘机会就是尽可能在顾客旅程中让顾客多消费。第九章中将详细说明这项非常成功的策略。

不过，为什么百思买一开始就知道要投入这项业务？只是碰碰运气吗？单纯地把仅有微薄利润的硬件销售和有两位数利润率的服务放在一起，这一战略就能奏效吗？答案实在出人意料。

由于百思买惊人的业绩与客服文化，其附加服务已经十分活跃，只不过那些服务是免费的。店员会在店内帮顾客安装电池及光盘驱动程序，也会介绍客人购买配件（通常是销量不佳的）来升级设备。如果有顾客因为售后服务回到店里，百思买也会进行故障维修，只是这些临时性服务的数量不多，因此根本不会引起注意。然而这显示了：（1）许多产品本身无法完成顾客的个别旅程；（2）顾客在旅程中显然需要帮助；（3）顾客愿意提高对百思买的期望设定。

百思买在一家家店面提供奇客小队的支持服务时便强化了前所未有的形式。百思买本有的少数服务项目就已经可以为公司带来收入，现在更因为不再随便抛弃边缘机会而让顾客能更轻易地享受额外服务，甚至建立一套更一致的服务。

第四章

/

资产边缘：跳出主业审视基本资产

　　资产边缘战略是第三种边缘战略，是最难辨识也最具价值的部分。产品及旅程边缘战略是以顾客的角度、稍微宽广的视野，来评判企业提供的产品是否符合顾客的需求；资产边缘战略则需要从局外人的观点来审视企业。"企业现有的资产能够做什么？"这个问题听起来似乎大多数企业都能回答，本章将详细说明事实上答案多么出人意料，这个答案似乎和公司每天的业务毫无关系，但这正是企业资产边缘机会的特点。让我们先从最基本的形式了解资产边缘的概念。

实例：农场资产边缘的潜在价值

曾经，农民依靠风力抽水发电。时至今日，已不仅是农民会运用农田里的风力，农场大多会将空地租给开发商搭建风力发电机，以便使用农地空间中早已存在的潜在能源，这就是个说明资产边缘战略的出色案例。

也许有人会问："除了直接竞争对手，谁会愿意花钱租用土地?"能源公司就是答案之一。从最简单的层面来看，堪萨斯州的空旷田地可以提供极为吸引人的不动产来支持风电厂，而农场可以在核心业务承担最低风险之下出租其使用权，以供他人在农地上建造风车、提供发电机动力，为农场创造新的收益。一位来自爱荷华州新爱尔塔市的退休农民说道："这是有史以来我经历过的最美好的事情之一，我的收入变多了，环境因此变好了。风力是可再生能源，不需要从地下挖出来。"

一般来说，每台风力发电涡轮机所需的农田使用权，每年能为农民带来4 000～8 000美元的收益，还有总收入3％～6％的额外提成。农民是在不影响自己核心业务（种植作物）的情况下，出租主要资产（农田）给新顾客（风力开发商）。土地正是农场的基本资产之一，主要目的是生长农作物，换个角度来看，土地也具有许多额外的潜质。

与产品及旅程边缘机会一样，要运用资产边缘机会仅需要少量的额外投资。在上面的例子中，土地因为核心业务而早已存在。在资产边缘中找到并释放其潜在价值，可以在不影响核心业务的情况下满足顾客期望设定。

从基本资产中发现边缘机会

企业由基本资产组成，因此边缘机会就存在于这些基本资产的周围（见图4-1）。重要的是，这些支持核心业务的所有资产都各有其边缘机会。

任何基本资产的边缘都可能释放出新的机会。某个为提供核心业务而存在的资产，有时"凑巧"能提供绝大部分的必要资源来满足完全不同的顾客期望设定。当企业意识到，运用资产的新方法几乎可以立即帮助解决其他顾客的需求，边缘思维就渐渐浮上水面。企业只需要少许额外努力，就能在顾客面前呈现新的解决方案。

任何可以运用已有基本资产的情形，都存在逐渐成长的机会。如果能激发基本资产的潜质并加以利用，在不影响核心业

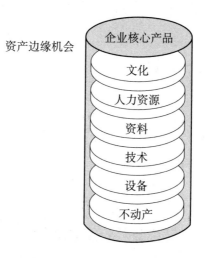

深入基本资产中探究边缘机会时，就会发现资产边缘机会。

图 4-1　资产边缘机会

务的情况下努力经营产品与顾客间的新关系，便能把握住资产边缘机会。要找到资产边缘机会，一定少不了提出这个农民曾自问的根本问题并寻找答案："除了直接竞争对手，还有谁会愿意为了使用我的基本资产而付钱？"

一般的企业发展战略不会优先考虑缺乏经验、知识和客户关系的领域，但资产边缘战略不受这一限制。

利用资产边缘机会，不像传统的开发新客户或新产品需要承担极高的风险或大量的投资，若是能让其他企业使用这些边缘机会，反而能侦测企业资产中的潜在价值。因此，善用资产边缘机会就是把别人与自己的现有资产联结在一起，或是允许他人获得使用自己现有资产的权利。

最常见的例子就是企业把一项资产的使用权有限度地出售给先前完全没有业务交集的对象，进而在无须中断核心业务和不增加不必要的麻烦的情况下获得额外收入。企业有大量的支持核心业务的资产，可以在不影响正常运营的情况下租赁给其他企业获取收益。这些资产既可以是有形的，例如工厂或机器；也可以是无形的，例如能力或人脉关系。

资产边缘机会也许会存在于无形资产（如数据）之中，企业可以将其基本资产与截然不同于核心产品的全新顾客期望设定结合（见图4-2）。

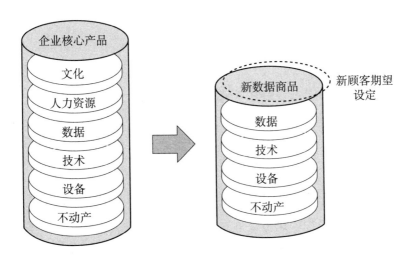

当企业的某一项基本资产能满足新顾客的需求时，便创造了资产边缘机会。

图4-2 资产边缘机会的例子

例如拥有高交易量的保险公司，由于持续不断进行新的交易、理赔及支付款项，企业积累了大量的顾客健康数据。这些数据是一本讲述顾客如何生活、对健康护理有何反应的故事书，如果能够适当加以运用，就能对提供护理服务的公司有所帮助（请参见后文中的联合健康集团的案例）。

资产边缘机会虽然以多种形式出现，但通常只会以下列三种方式发挥功效：

- 让副产品为企业赚钱。
- 释放基本资产的潜在价值。
- 利用无形或不受限制的资产。

接下来将依序探讨这些方法。

让副产品为企业赚钱

在寻找让投入能百分百收回的方法的过程中，可以顺便让企业的副产品成为赚钱的工具。副产品，顾名思义，就是在生产主要产品过程中剩下或创造出来的物质。风力能源对农民来说便是新的契机。在农业领域，利用副产品是很常见的事，例如用玉米秸秆喂奶牛。

此外，在很多工业案例中，资产边缘机会随处可见。以炼油工业为例，制造汽油时会产生一系列的副产品，氢气就是其中之一。这些副产品一般不是被炼油厂直接销售就是拿来加工，或是就地制成其他产品。

这些已是推行多年的企业惯例。资产边缘战略架构的价值在于提供发现机会的思维，即使这些边缘机会还不能与核心业务相提并论。联合健康集团将其数据资产变成赚钱的工具，就是以现代化的、有别于传统的方式利用副产品的最佳典范。

联合健康集团是美国最大的健康集团公司，核心业务包括向个人及企业销售、管理健康保险，以及提供政府医疗保险及医疗补助计划，在 2014 年创造了 1 139 亿美元的收入。联合健康集团成立了一家名为 OptumInsight 的子公司，专门负责出售母公司保险业务中积累的部分顾客健康资料。这项业务就来自企业边缘，对制药公司大有帮助。

OptumInsight 于 1996 年刚创立时名叫 Ingenix，当时的咨询师指出："这个子公司仰赖母公司的数据库及专长来提供知识及信息服务。"这一点即是边缘机会为人熟知的特色。联合健康集团极力发展核心业务的同时创造了庞大的数据库。这个数据库比任何核心业务能利用的资源都更有价值。联合健康集团也发现，根据这些数据资产的性质，公司无须大量新投资就可以在别处获利，此外，还可以产生递增的现金流量，关键是这一切不会影响核心业务。

基于拥有超过 8 000 万名保户，而且拥有自 1993 年以来 1.14 亿人的健康记录，联合健康集团宣称拥有"世界上最大、最完整的健康数据库之一"。对制药公司来说，病患的纵向数据（即可长期追踪的病患数据）及其地域多样性都让这个数据库极具价值。OptumInsight 研发了一整套产品，让制药公司能基于自己的目的来使用这个数据库，而此业务和联合健康集团的核心业务是完全分开的。

联合健康集团旗下另一品牌 Clinformatics 推出一个名为 Data Mart 的工具。这项匿名提供病患信息的在线工具可以帮助制药公司了解顾客如何使用自己或同业的药品。联合健康集团通过其宣传语让许多公司明白，丰富的信息可以降低研发成本、缩短产品上市的预备时间，并保证产品质量，坚守合规性。

资产边缘机会的重点在于，新商品需要的所有资源（即本例中的数据库）已存在于企业之中。与涉足颇具风险的未知领域寻找新顾客相比，资产边缘机会就像是个特例，其风险低许多，因为新产品中的要素大多早已存在，剩下的只是把它交给需要的顾客而已。

OptumInsight 的整体营业收入数字显示，新顾客看到了这份价值。该子公司在 2014 年创造了 52 亿美元的营收，和 2006 年 9.56 亿美元的营收相比有飞快的成长。这期间，OptumInsight 的年增长率为 16％，是联合健康集团整体年增长率

（7％）的两倍多。2014 年 OptumInsight 的营业利润为 10 亿美元，利润率约为 19％，联合健康集团的整体营业利润为 103 亿美元，利润率则为 8％。无论如何，OptumInsight 已逐渐转变为联合健康集团的核心了。有时候，边缘机会能超越其原本单纯增加获益的特性，进化为稳固的利润中心。

释放基本资产的潜在价值

请试着运用创意来释放基本资产中的资源及潜力。许多企业会发展制造和/或配送核心产品的能力，这些通常需要大量复杂的资产：厂房、基础网络、数据中心等。有时可以从闲置能力中找到机会。

和副产品一样，对某些产业而言，出租闲置能力是很普遍的。例如，许多制造企业，如酿造厂、食品加工厂，甚至是制药厂都会出租仓库，或是提供付费的制造服务。然而，也有些企业不知不觉就运用了类似边缘机会的概念，进而变成惯例。比如在某些传统制造业中，有的企业也发现可以出租闲置生产能力创造额外收益；季节性的客服中心在淡季时为其他企业提供服务；又如大学在寒暑假出租会议室举办活动。

另一个出色的例子是，美国职棒大联盟发现它们可以在非赛季时提供其视频给转播公司及视频网站。你可以通过笔记本电脑、平板电脑或智能手机看到克莱顿·克萧在洛杉矶道奇球场上投球，或者看见米格尔·卡布雷拉在底特律克迈利卡公园轰出一记全垒打。现在已有许多电子设备可以随时随地收看每一场约 300 次的投球，以及每一季 2 500 场以上的比赛。

这项服务不是来自传统的转播公司，而是来自美国职棒大联盟自己的媒体产业：MLBAM。MLBAM 是由联盟 30 个俱乐部共同拥有的公司，成立于 2000 年，负责经营大联盟及其各俱乐部的网站。15 年下来，其已成为全世界在线直播产业中的先锋。

MLBAM 最初的目的只是利用从各大俱乐部收集的资源优化联盟及俱乐部的网站。每一家俱乐部都投资约 260 万美元，总投入高达 7 700 万美元。"集中管理这些活动意味着我们有更多资金打造最先进的技术。"公司执行官鲍勃·鲍曼说道。因此，经过协调之后，美国职棒大联盟中像纽约扬基队和波士顿红袜队这种超级富有的球队便不会出走创立自己的数字频道，这就表示"密尔沃基队和纽约队的球迷看到的会是同一个网站"，鲍曼解释。

MLBAM 很快进入了数字科技的新世界，不只从事网站管理，还发展出应用程序及影片串流技术。2008 年 MLBAM 推出了 NexDef 影音插件，这个免费下载软件可播放宽屏幕版本的高画质串流影片；次年，又先后推出新的高画质影片播放器、数字录像、多重浏览、直播精华以及关注球员等新功能。

此时的MLBAM每个月已吸引超过5 000万浏览人次，还有150万人订阅多媒体内容，其中有50万人支付了100美元或更高的费用来享有其主打商品美国职棒大联盟电视（MLB. TV）的使用权。

然而，每年10月到次年3月是职棒的停赛季，公司有将近半年的时间不像赛季时那么高产。广义来说，公司理论上为自身需求建立的系统里还有一些闲置能力，比如公司在曼哈顿总部的计算机及电子设备，在冬季时并未得到充分运用。MLBAM发觉，为了供应核心产品而准备的技术及员工等资产，可以用来获取全新的收入。意识到这一边缘机会的存在，奠定了这个卓越企业成功故事的基础。

2010年3月，电视体育频道ESPN宣布，将和MLBAM签约，转播其网站上所有内容。短短10年，MLBAM已超越过去传统现场直播的模式，通过出租其闲置能力在资产的边缘上找到赚钱的机会。大联盟和众俱乐部仅花7年就回收了成本，之后举办的每场活动都能带来收益。2014年MLBAM的营业收入已接近8亿美元，其中约5 000万美元来自边缘顾客，包括ESPN、哥伦比亚广播公司、世界摔角娱乐（World Wrestling Entertainment）等，甚至还有枪炮与玫瑰乐队的最新世界巡回演唱会。

美国职棒大联盟在 2005 年曾考虑卖掉 MLBAM，当时外界对其的估价为 25 亿美元。在来自企业边缘机会的业务成长快速的加持之下，从 2011 年的 10 000 场直播，到 2014 年的 30 000 场，今日 MLBAM 肯定更加价值不菲。

利用无形或不受限制的资产

运用无形或不受限制的资产，是利用资产边缘战略最常见的形式。在某些情况下，企业会发展出可以轻易扩张的资产，而且能在不影响核心业务的情况下，将其不受限制的特性运用到其他地方。此时，企业有极大机会找到额外的甚至特别重要的价值。

该类资产的例子之一，就是企业所具备的专业知识，以及已融入企业文化、传统与经验的运营法则。另一个例子就是技术与用在经营模式上的知识产权。全球电子商务零售巨头亚马逊发展出一套可扩张的技术来支持自己的全球业务，顺便创造出企业对企业（B2B）的新服务项目，就是这类型边缘战略的绝佳例子。

21 世纪伊始，亚马逊为了让在线购物服务能一周七天、一天 24 小时运转，着手建立复杂的云端基础设施。不论是时间或资金，这都是花费不菲的工程。亚马逊的执行官发现，公司花费超过 70% 的时间在制造及管理运营所需要的后端科技，虽然这对核心业务来说是必要的，但其功能并非只能用在这种商业模式上。公司经理认为，如果亚马逊在其他零售商视为"脏活累活"的事物上做了那么多投资，其他企业又何尝不是如此，既然这样，为什么不干脆让其他企业也能取得这些资产呢？为什么不让这份明显不受限制的资产来替公司赚钱呢？

这个想法促使亚马逊网络服务公司（Amazon Web Services，AWS）在 2013 年成立。公司负责人安迪·杰西在简介里提到："我们告诉顾客的其中一件事是：'脏活累活已经被我们承包了，你们可以省去这个麻烦了。'"事实证明，这完全刺激了销售。今日，网飞公司（Nexflix）的影片串流服务便依托于 AWS，Pinterest 的社交网络也是如此，甚至连美国中央情报局也与其签下 6 亿美元的数据存储合约，杰西将此称为"公信力建造者"。

这项资产边缘战略究竟是如何发挥效用的？亚马逊发觉运营这项核心业务必须通过多重信息中心。在美国，亚马逊有三大电子计算中心，分别在弗吉尼亚州、俄勒冈州以及加利福尼亚州，每一处都有多栋建筑物以及上千台服务器。除此之外，还有遍布世界各地的电子计算中心，包括巴西、爱尔兰、日本以及新加坡。

亚马逊发展出的主要基本资产，即网络服务功能，将所有事物链接在一起。亚马逊的资产边缘战略不过是单纯让其他企业使用这些网络服务罢了。"从很多方面来看，我们从一开始就在不知不觉地致力于打好 AWS 的基础。"杰西若有所思地说。

亚马逊的新顾客很清楚其中的价值。其他企业"买不到运营所需的类似于亚马逊的软件，"杰西指出："亚马逊建造了几乎所有需要的软件来运营这个网络事业，若有必要，甚至可以将规模扩张到任何能想到的层级。世界上只有少数几家企业敢宣称自己有这样的软件实力。"

销售这项技术的使用权和亚马逊的核心业务并不冲突。虽然让数字设备替公司赚钱是种有效方法已被证实，却需要先花费数十亿美元来建造。亚马逊公司的执行官杰夫·贝佐斯在2015 年用"一件 50 亿美元的生意"来形容 AWS，并且强调"该公司仍在快速成长中，事实上是正在加速成长"。

有着约 50% 的利润率的 AWS，其运营方式和母公司完全不同。众所皆知，亚马逊公司在宣告获取第一笔利润之前，可是花了 8 年的时间，一直到现在，仍会牺牲大多数利润来换取成长空间。不过，现在亚马逊可能已经体会到这项战略的真正潜力，就像杰西曾经的大胆预言："AWS 至少也会像我们的其他业务一样壮大。"

亚马逊在此资产边缘机会中秉持这一信念，现在对于核心业务基础建设的投资也远超以往。2007 年，AWS 使用的带宽已比亚马逊网站本身的还多。

接下来将要进入本书的第二部分：在哪里释放边缘价值。该部分将更详细地探讨企业利用边缘思维强化获利成长的各种方法，以及企业该如何利用边缘思维来应对市场的各种挑战。

首先，第五章会先回到第一项边缘战略，即产品边缘战略，并深入探究已找到的可提供升级销售机会的众多方法。

第二部分
在哪里释放边缘价值

EDGE
STRATEGY
A New Mindset for
Profitable Growth

第五章

升级销售是利用边缘机会的良机

如果想学会什么是升级销售（upselling），去拜访一下当地的宝马经销商可能是最有效的办法。它们提供各种价位的选择。不同车系（从车型较小的 1 系，一直到车型较大的 7 系）及运动型多功能车、混合动力车都提供不同的型号。在同个车系中，也提供不同性能的发动机（如 5 系列中的 528、535、550 及 M 版）。不过这些选项只是让你确定想买的车型，升级销售通常是在决定买车后才会发生。

我的同事汤姆是个宝马控，而且以成为优秀的谈判者为荣。和一般人不同的是，汤姆很享受买车的过程，因为对他来说，谈到最好的价格就像在比赛中获胜。汽车经销商不会受不了像汤姆这样的顾客，因为他们最后还是能从中获得业绩和奖金，从而减轻一些因为网络上价格透明化带来的压力。不过更值得研究的其实是汤姆在购车过程中的所作所为。

汤姆通常会花费很长时间研究汽车。作为完美主义者，汤姆会先找到符合自己需求的最佳配置，然后就开始和经销商在电话里你来我往。汤姆通常会获胜，根据他的计算，一旦完成交易，汤姆往往会放松警惕，因为他确信自己不会在这笔大买卖中多花一分钱。不过，这场游戏尚未结束。

就在签下合约之前，经销商往往会展示可保护新车、让车子外观看起来更闪亮的车身镀膜。选择好镀膜之后，汤姆认为，为了避免凸凹不平的地面损坏轮毂而必须要换新轮胎的可能，有必要加装一套轮毂保护罩（每个轮胎的更换费用至少1 000美元，他的考虑似乎是很明智的）。当他最终成功驾车逃离经销商前，又加入了一项高级礼宾计划，这项计划使得车上有个友好的声音欢迎他启用BMW辅助驾驶系统，该系统可以协助车主在开车时通过卫星、汽车扬声器完成系统设定。

以上是典型的升级销售，即用某种方式提供附加在核心交易上的产品。升级销售会产生核心交易之外的费用，这些费用由顾客额外支付。升级销售并不是单纯用更高的价格销售更好的产品，而是提供一套新的价值主张，在已确定基本销售的情况下提供附加产品或定制化商品。因此，升级销售是运用边缘战略时最肥沃的土地之一。

从边缘机会的角度重新审视升级销售

定价策略是经理人百宝箱里的基本工具之一，定价的杠杆效应非常明显。我们的研究显示，标准普尔指数所包含的企业，若将产品价格提高 1%，利润平均可以增加超过 12%。不过，在竞争激烈的世界里，即使价格只是提高一点点恐怕也很困难。顾客总是密切关注商品价格，当价格逐渐提高至其底线，顾客通常会先试着接受价格上涨的事实，之后可能就会转投他人了。

定价策略的复杂之处在于，它是由两分科学与一分艺术组成的。一分科学定义每种产品在整个产品线中扮演的角色（如信号角色或领军角色等）；另一分科学则用来分析当自己或竞争对手调整价格后预期的需求变化；而最后那一分艺术，在升级销售时尤其需要。这些是定性的解构多种方法的定价方式，能一步步提高对顾客的整体销售。升级销售是一门艺术，但它又不仅仅是艺术。从边缘机会的角度来审视升级销售，就会发现其中的规律。

　　几乎每笔生意都会分析对每位顾客的销售情况。原因在于，从已经信任你的品牌及价值主张的人身上赚取更多利润，总是比找寻新顾客要来得简单。可以分不同的时间段对每位顾客的销售情况展开分析，但通常会依据交易阶段的平均值。当顾客犹豫要不要购买某件商品，是因为他已经买到了想要的一切吗？某些顾客如果无法通过你满足需求，就可能延迟一部分甚至所有的购买。延迟购买不是件好事，因为顾客的购买冲动可能会就此消失，或者更糟的是，还可能把这个销售机会留给你的竞争者。我们的目标应该是不要让顾客缺少什么，也就是尽可能提供顾客需要的附加选项，或者别太早在顾客旅程中抛弃他。

　　升级销售既是定价策略也是营销策略，能帮助对于标准化产品有定制化需求的顾客完成任务。在 B2B 的世界里，采购者需要的往往不只是产品本身，还需要附加培训的解决方案。在 B2C 的世界里，一般消费者都会选择内容最完整的产品。升级销售是达到更多顾客期望设定的入场券，专注于推销能满足多数人最低需求的基本产品，然后用不着痕迹的方式分别提供各式各样额外收费的附加选项给有需要的顾客，这与直接提高核心产品价格的方式相比，反而能赋予顾客更多自主选择的权力。

从边缘找出最佳升级销售策略

想要基于顾客群间的不同谋利，最常用的方式就是利用"好、更好、最好"的模式，最常见的是将核心产品设计成几个不同版本，然后以功能提升或简单增加更多功能的方式加以区别。若把这个模式应用到服装上，就好比冬天的外套有羽绒含量的多寡、是否防水、是否透气、内胆是否可拆等特质的区别；若是应用在工业用切割工具上，就好比有光束强度、切割校正精度、便携性、机动性或使用者上手的难易程度等特性的区别。无论是上述哪个例子，核心产品都相同，不同的只是特性组合与价格的差异。这不是边缘战略，只是聪明的商业方法而已。

升级销售的第二种方法就是第二章中介绍过的，应用了此架构的外部边缘机会，这是边缘机会最普遍的形式。不同于前面的"好、更好、最好"模式，外部边缘战略并非一开始就销售不同价格的商品，反之，它倾向于提供同一件核心产品给不同的顾客群，然后再个别提供升级销售的选项。如此一来，有额外需求的顾客就会在斟酌后自行购买附加产品。当星巴克企图诱导消费者在购买卡布其诺之余再加购一块曲奇饼时，就是掌握了所谓的外部边缘机会，此为创造副业收入的补充性策略。此外，这里涉及的消费者购买心理相当不同，因为顾客在产品定制化的过程中拥有更多主导权，不会感觉到想买一件商品却被推销其他产品。

第三种升级销售的方法（在第三章介绍过）即找到旅程边缘并重新考虑更适用于顾客最终任务的解决方案。当家得宝收取额外费用，将顾客购买的（未组装）户外烤肉架组合升级为"组装完成，送货上门"，就是在运用旅程边缘机会，因此该方法的目的不是要增加核心功能来销售更好的核心产品，而是销售更完整的解决方案。在这种情况下，补充的并不是某个特色或功能，而是具有互补性的产品或服务，让核心产品的价值凸显或延伸出来。

就像在商业行为中必须有所选择一样，在诸多选项之间也需要有所取舍。根据不同的情况，提升核心产品本身可能比提供升级销售其他边缘产品或顾客旅程边缘产品更好。如果一家企业的创新研发足以取得专利或被保护得很严密，那么将其纳入核心产品实属明智之举，因为这个优势并不会因竞争而消失。

边缘战略的关键在于，能随时察觉升级销售可能出现的时机。比如一家公司如果只专注核心产品及建立相关结构，那么便很可能在管理过程中忽略边缘机会。边缘思维能让人时时刻刻思考不同的备选方案（见图 5 - 1）。如第一章所述，我们研究了数百家全球企业后发现，边缘机会取得者一直都保有这个习惯。备选方案是一条能确保创新优势的道路，比只专注核心产品优势更持久。

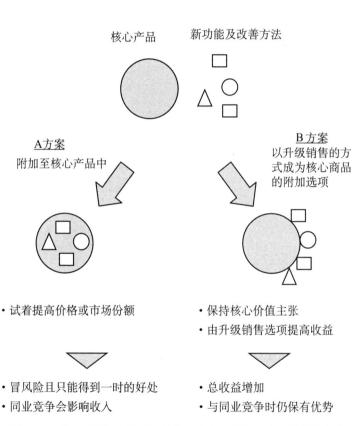

图 5 - 1　基于边缘机会的升级销售可作为改善核心产品的替代方案

找到能吸引顾客的附加选项

好的升级销售未必很辛苦，重点在于要能做出正确的选择。升级销售的重点在于配置核心产品的功能与优势，让不同顾客都能轻松体验产品的价值。有顾客觉得你目前提供的核心产品少了什么吗？顾客的某些需求没有被满足，是因为公司把顾客需求定义得太狭窄。也有许多案例显示，基本的核心产品大致上没问题，但却不能完全满足顾客的需求（每个人都想要量身定制与别人不同的版本）。

有时候，可能必须同时运用内部和外部产品边缘机会。一项创新的解决方案应该要让核心产品与服务能符合一般顾客的需求，接着再以升级销售的方式推出各式各样高利润的附加产品促进更多个性化的消费。一般而言，运用边缘概念的观点来看事情，有利于发现这类机会，换句话说就是依照已经以各种形式存在的顾客需求，提供量身定制的延伸服务。如果能够正确运用营销策略，那么当顾客自行选出适合自己的产品时，就会自然产生升级销售的结果。

无独有偶，在旅程边缘中也有这种自然发生的情况。关键是在交易的瞬间抓住顾客的心，立刻在顾客的最终任务里迈进一步，这一步不一定非得与核心产品相关，也不必是核心产品。让顾客满意的不是机器本身，而是已经预装好软件可以使用的机器。

这种现象几乎无所不在，我们研究过的每个产业中几乎都能找到证据。在我们针对全球大型企业所做的研究中，发现产品及旅程边缘战略都是极为常见的升级销售工具，通常在公司整体获利中贡献最多。

基于产品边缘的升级销售策略

与产品边缘机会相关的升级销售有以下特点：

● 有 26％的企业提供某种形式的保修服务、保障计划、延长修理与维护计划。

● 有 23％的企业会在核心产品中附加新项目一并销售；有4％的企业提供一系列额外的定制化选项（例如，从衣服上的印花图案到定制化军用电子产品等）。

基于旅程边缘的升级销售策略

与旅程边缘机会相关的升级销售有以下特点：

● 17％的企业会建议顾客如何运用核心产品（例如设计企业网络系统、安排处方药物福利计划）。

● 15％的企业会参与培训计划，尤其是在 B2B 的情况下。

● 8％的企业会纳入以安装服务为基础的升级销售，以确保顾客能使用完整、功能健全的产品来达成最终目标。

跟游轮业学创造升级销售机会的高招

游轮业一直以来都是创造升级销售机会的高手，尽管原本已有非常引人注目的基本行程套餐，非客舱的附加商品仍占总收入的25％～30％。通常一名乘客要花1 304美元购买船票，再额外支付415美元参与游轮上的活动。在分析数千名旅客后发现，附加产品似乎也是利润最高的产品线，最能满足顾客的需求。游轮业很明显是比较特殊的案例，因为顾客一旦上了船，就等同于游轮公司的"俘虏"，游轮公司可以充分创造诱使顾客购买附加产品的机会。进一步分析游轮业，对想改善企业升级销售能力的产业来说是宝贵的一课。

由三家挪威船运公司建立的皇家加勒比国际游轮公司（Royal Caribbean Cruise Lines，RCL），于1970年推出能搭载700名乘客的第一趟航程"挪威之歌"。那时候，游轮其实还是个相对简单的概念，不过RCL很快就通过增加一票全包涵盖的项目来吸引乘客。RCL的经营哲学是，航行的旅程本身就是目的。到了1978年，RCL必须把原来的挪威之歌游轮一分为二，然后打造新的空间以容纳更多乘客。1999年，RCL在游轮上打造了一面攀岩墙与一座溜冰场。海洋魅力号则是RCL耗资超过10亿美元建造出来的游轮，船身超过360米，船重超过22.5万吨，当时与美国海军舰队的航空母舰并列为美国最大的轮船，可以容纳将近6 300名乘客及2 400名船员。走进船上16层中的任一层，都仿佛踏进一座令人难忘的移动度假村。船上有25间风格各异的餐厅，一座水上乐园，一座仿造中央公园打造出来的有12 000株灌木的花园，80多米长的滑索道，以及有百老汇剧目演出的戏院。这些休闲娱乐全都包含在基本票价中，到底还有没有升级销售的机会呢？

比起收费，更专注于提供额外选择

RCL一开始就主打基本票价即可享受奢侈假期的理念，如果购买海洋魅力号加勒比海七天之旅的船票，只需支付八九百美元即可拥有一间16平方米，配有双人床、独立卫浴及客厅的房间。不仅如此，船票本身还包括在各间不同风味的餐厅中一天超过八餐的服务、各式各样的饮料，及一系列从体育项目到表演的船上活动。绝大部分的客人都能因此拥有美好的假期。

然而，RCL进一步对想让自己的心情（及钱包）更放松的客人提供更多额外选择。例如，当所有顾客都能使用复合式水疗区时，这些顾客可以选择付费使用更高端的水疗服务；当所有人下船在港口城市漫步时，这些乘客可以享受 RCL 预先规划好的观光行程，万一游览时间延误，RCL 也保证一定会等到这些客人上船才会启航。

其中的关键在于，这些选择没有一项是绝对必要的。这些增值服务一开始就不是打着"我还能从顾客身上赚到什么钱"的算盘，而是从"我的某些顾客还会需要什么更高级的服务"出发。对一项本应属于核心产品的特性收取额外费用，充其量不过是一项笨拙的升级销售，但创造与众不同、有时甚至堪称奢侈的更高端享受，一直是游轮业能创造出的巧妙心理意象。各行各业都应该自问，该如何以自身产品来满足人类这种天生的欲望。

大多数顾客真的想得到更多

一票全包对大多数人来说是不够的。人们常误以为升级销售只对少数富人有吸引力，然而真相是，如果能给予顾客足够的自由，让他们重新配置出最适合自己的产品，大部分的企业都可以将升级销售发挥得更好。而"更好"的定义，则会依据不同顾客群有不同解释。

举例来说，RCL 提供一系列包含 7 种饮品的酒水方案，这项高级计划的目的是让乘客随时都能享用到顶级酒精饮料或葡萄酒。对于喜爱购物的乘客来说，游轮上有一座三层的购物中心，遍布名牌精品店，珠宝、香水及服饰应有尽有。在 RCL 的一些游轮上，还可以看到专业拍卖行 Park West Gallery 展示及销售艺术品。最引人注目的是，船票中本来已囊括龙虾、牛排及夜宵，完全可以吃到饱，但老饕们仍可以通过升级销售享受更独一无二的美食体验。RCL 尤其杰出的是，没有掉入"假设顾客只有一种"的陷阱，它能清楚识别出顾客群之间不同的需求，进而构建出依顾客需求调整产品内容的能力。

有效利用边缘机会的六大升级销售策略

想要达成有效的升级销售涉及产品与旅程边缘战略，而且要意识到边缘机会必须对顾客需求有更深入的了解，那么最常见的需求有哪几种呢？我们在针对 600 家企业的研究中发现，绝大多数升级销售的成功案例都至少能满足下列六大人类基本需求之一：

1. 便利性。

2. 舒适性。

3. 减轻痛苦。

4. 安心。

5. 热情。

6. 知识。

第一类：满足便利性的需求

满足便利性需求的升级销售，指的是避免在交易中产生麻烦。如果能把交易变得更方便，让顾客轻松享用产品，企业就能经常在核心产品的外部边缘上找到机会。例如，假设有位顾客向赫兹公司租车，或许会希望不必在还车前把油加满（说不定顾客当时正赶着搭飞机）。赫兹在仔细分析每位顾客和公司的互动后发现，若有相关服务定能为有此需求的顾客创造更大的便利性。

赫兹公司在全世界大约 145 个国家和地区设置了 1 万多个营业点，光是在美国，从机场、市中心及其他便利的地点出租的车就多达 50 万辆。当赫兹公司出租汽车与卡车时，会要求顾客在还车时必须把油加满，否则将会按市价两到三倍的价格向顾客收取油费。此举成功阻止了顾客不把油加满的行为，不仅节省了运作成本，也缩短了把车租给下一位顾客的周期。这一措施虽然很有效，但却给匆忙中的顾客造成了不便。因此，赫兹公司制定了为顾客提供便利的替代方案，如燃料购买选项。有了这个附加方案，顾客在把车开走之前，可以预先以较划算的价格购买一箱油，这对某些顾客来说非常有吸引力，他们不必再浪费乘机前的宝贵时间寻找加油站。

从外部边缘战略的角度来看，燃料购买选项是个设计良好且颇有效果的策略，预先购买的汽油能成功搭配汽车租赁业的核心产品，也能满足顾客的重要需求，既便利又节省时间。此外，赫兹公司不需要进行新的重大投资就能利用这一边缘机会，因为这项服务是由公司已有的业务人员与加油设备所提供的。赫兹公司的付出会以额外递增的方式呈现，因为无论如何公司都要为车加满油，而且这个升级销售项目可以很简单地在一开始就呈现在顾客眼前。最重要的是，这项升级销售发生得很自然，顾客即使不加购也能享受租车服务，但对重视便利性的顾客来说，却是将核心产品从原本的"租一辆车"重新定义为"租一辆'加油无忧'的车"。

第二类：满足舒适性的需求

满足舒适性需求的升级销售，是指当顾客使用企业提供的产品时能提高舒适放松的程度。很多企业都发现，使用同样产品的顾客很可能渴望不同的服务内容。捷蓝航空的"腿部空间升级"方案，是说明这类升级销售的最佳案例。

拥有独特价值理念的捷蓝航空，在 2014 年创造出 58 亿美元的营收。这家公司靠着"让空中旅程回归人性"的理念建立品牌，并以平等主义的乘客服务与为乘客提供电视直播服务闻名。2013 年以前，捷蓝航空只提供一套从 2000 年公司发展初期就有的基本服务（即全都是客车式座椅），这一点和边缘思维，即认为顾客会有不同需求的哲学并不相符。

2007 年 1 月，由于削减成本的决策，捷蓝航空开始将空客 A320 型飞机半个机舱以上的座位的腿部空间改造得更宽敞，将其作为吸引顾客的策略。当某些乘客正在享受领先业界的腿部空间（34 英寸，约 86 厘米）时，有些人则可以选择更宽敞的、有 36 英寸腿部空间的座位。重点在于，捷蓝航空降低座位的密集度，每架飞机可以减少一名空乘服务人员（一年可节省约 3 000 万美元的成本），且不经意创造了依需求来细分顾客群的机会。

2008 年 3 月，捷蓝航空突然有了灵感，推出"腿部空间升级"计划，这个再次更换座椅、相对简单的工作，让公司创造了满足顾客舒适性需求的产品。捷蓝航空目前在提供乘客机上服务的同时，也提供升级为 38 英寸更大座椅空间的选择，比业界平均的 30 英寸宽敞许多。"免费电视、丰富的零食与友善的服务是捷蓝航空的核心服务，乘客无须为享受这些机上福利而支付额外的费用，"捷蓝航空公司的执行官戴夫·巴格说道："我们全新的腿部空间升级计划，将为顾客提供飞行旅程中更舒服、更享受的选择。"

第三类：满足减轻痛苦的需求

提供更高等级的舒适性服务，就是在提供产品或服务的同时减轻顾客的痛苦。这种痛苦未必与企业提供的产品有直接关系，也可能只源于企业与顾客互动过程中的一次意外。然而，如果公司可以和顾客一起解决这件恼人的事，可能就会得到升级销售的良机。

来电显示的发明就是最有名的例子之一。当电话响起时，你可以立即知道打来电话的人是谁，来电显示系统在今日已经司空见惯，但刚出现时却是一项极具革命性的发明。1987年，新泽西贝尔公司获得授权，得以提供来电显示服务给亚特兰大市及哈德逊郡的住户。新泽西贝尔公司是三年前从AT&T公司独立出来的七家地区性电话公司之一大西洋贝尔公司的子公司。当时针对来电显示服务的反对声并不少，有民众害怕这项新服务会威胁公民自由，将自己不愿与人分享的私人信息暴露在阳光下，但新泽西贝尔公司展现了独特的销售技巧。公司的一位高管曾对《纽约时报》说："我们认为这是在现有科技中阻止淫秽、威胁与骚扰电话的最佳方法……这可以加强对电话接听者的隐私保护，就好比在门前装上监视器一样。我们深信你在接起电话之前有权利知道是谁打来的。"

那个时候，来电显示服务并不是公司的核心产品。1990年1月，新泽西贝尔公司推出这项服务后，《洛杉矶时报》用头条新闻《来电显示让科幻电影不再科幻》来报道，将此功能比喻为1989年的好莱坞电影《回到未来Ⅱ》中迈克尔·福克斯接到

2015 年来电的那个时刻：电话屏幕上显示来电者的长相、姓名、地址、年龄、职业，还有一系列爱吃的食物。事后证明，新泽西贝尔公司的顾客立刻爱上了这项服务，当《纽约时报》的记者访问一位二十来岁的市民为什么要订购这项每个月收费 6.5 美元的服务，而且还要再额外加购一个 60～80 美元的专用显示器时，他只说了四个字："女孩子啰!"有些女孩的电话他想接，有些则不想。

到了 1992 年，这项服务已有逾 19 万名使用者，其他同行也跟着引进来电显示服务。例如大西洋贝尔公司的另一个子公司，费城贝尔公司投入 2 000 万美元来升级费城的电话系统，希望能在五年内为公司创造数千万美元的收入。电话公司纷纷察觉，未知来电对于顾客来说是一种痛苦，一旦适度投资、引进可选择的附加服务后，就能让来电者的姓名和电话号码如魔法般显示出来。

为什么这种减轻痛苦的升级销售属于边缘战略？因为这类产品符合下列四个关键标准。首先，新的服务利用了企业的基本资产：现有的用户及电话设备。其次，产品通过递增的努力来提供：只要一小笔资本支出就可以启动服务。再次，在收费模式上具有边缘战略的特征：如每个月额外多付 5～10 美元的费用。最后，新产品是自然附加在核心产品上的选项：顾客先买了电话，才有机会靠加购来电显示服务强化基本功能。

第四类：满足安心的需求

满足安心需求的升级销售重点，在于舒缓随着购买高价产品而产生的焦虑。核心产品的附加保险就属于这类升级销售。长期销售消费性电子产品及家电的厂商都了解，如果顾客要花大价钱购买某样可能发生故障的商品，往往最容易受到延长保修年限的优惠吸引。横跨全球各大经济体 62 种产业的研究发现，47％的企业都拥有这类升级销售的机会，但却仅有 14％的企业加以运用。

另一个更知名的例子就是购买汽车时的车身镀膜服务。顾客有时会担心车辆在停车场被剐蹭。以汤姆为例，他在购买宝马汽车的过程中所做的研究和周旋，确实让他从中获利。在他签下合约的同时，心里觉得交易早已结束，脑子里想的全是未来开车的情景，大部分都是令人期待的享受，却不免也有一些烦恼。Dent Wizard 公司很有效率地取得了与宝马经销商的合作，鼓励它们利用边缘机会的概念，在销售汽车时进一步推销车漆保护方案。这些经销商的核心产品显然不是汽车维修，亦不是风险管理，但这些服务也并非完全与核心产品无关。Dent Wizard 公司对于车漆保护的升级销售，是一项单纯扩大原始价值的自然附加服务（还能赚取极佳的利润）。

位于佐治亚州杜鲁斯镇的上市公司阿斯伯里汽车集团是美

国数一数二的汽车零售商，拥有多个品牌的经销权，其中包含宝马汽车。就像我们之前提到的汤姆一样，顾客在买车时通常都会精打细算，而且会利用比价网站找到最合理的价格。久而久之，价格的透明化便把压力加在卖家的利润率上。阿斯伯里的优势在于，即使它们很强调买车的重要性，也不忘保持对顾客需求的敏锐度。和其他汽车零售商一样，阿斯伯里也看见了减轻顾客焦虑、使其情绪平静的机会，这个解决方案就是提供保险方案、保障机制、保护方案及保修系统：盗抢险、车祸理赔保险、爆胎险等全部包含在内，进而解决潜在顾客可能的忧虑。

据业界估计，2014 年购买新车的顾客，大约有 40％的人加购了保险方案，比起 2012 年的不到 30％增长了许多。我们估计，大部分的汽车零售商通过销售保险使得平均每辆车的毛利增加了大约 1 000 美元。事实上，最近业界估算的结果显示，从汽车金融与保险产品获得的收入，正是让汽车零售商在销售新车时转亏为盈的关键，如果没有这些额外收入，汽车零售商每售出一辆车就会损失 200 美元。其实，阿斯伯里的汽车金融与保险产品在其 2014 年 59 亿美元的总收入中占 4％，但却占总利润的 23％。阿斯伯里告诉投资人："新车对于吸引顾客来到门店非常重要，但'附加商品'往往可以带来更重要也更高的利润率，甚至可被视为获利的最主要来源。"

其中运用边缘战略的关键在于，保险方案是为了原始交易的财务考虑而附加上去的，利用的是经销商的基本资产，即车辆存货与稳定的客流量，所需设备也早已在那里了，因此销售这类方案需付出的额外努力相对较低。在 Dent Wizard 的例子中，所有附加产品都是外包的，让汽车经销商能够专注于它们最在行的事情，比如推销商品来提高收入。尽管这些拥有独立价值的附加服务需要额外收费，但仍然能很自然地在汽车经销商和顾客已达成的交易中形成互补。

第五类：满足热情的需求

满足热情需求的升级销售旨在为某些产品（或品牌）的粉丝创造可以拓展体验的选择，著名的太阳马戏团正是其中的佼佼者。这个 1984 年成立于加拿大的马戏团，宗旨在于让超级粉丝有机会看到更丰富的内容，在整个演出活动中得到渴望已久的特别待遇。

不论是观赏太阳马戏团在大帐篷下的巡回秀，还是在拉斯韦加斯、奥兰多或洛杉矶的常驻性演出，观众都可以花钱买一张 VIP 套票，到幕后近距离与表演者接触。以 *The Beatles Love* 这场音乐剧为例，公司提供了升级的票价让观众可以近距离看到表演者；如果选择了顶级套票，还能享有最好的座位、快速进场通道、参观后台与一小时的导览。顶级贵宾可以看到杂技演员的练习过程、彩排中的舞者，还有正在对供 68 位表演者使用的 331 套服装和 110 顶假发做最后修补的服装师。"这是个庆祝周年纪念日，或让约会对象印象深刻的不二选择。"VIP 套票的销售人员说道。

太阳马戏团中最引人注目的方法就是，几乎利用了所有现有的基本资产。公司不必建造新的景点或增加座位，只是简单地给予愿意多付钱的顾客参观既有场地的权利，这就是典型的外部边缘战略。通过对粉丝的研究，太阳马戏团发现某些观众想拥有更深入接触的机会。这个更进一步的服务并没有剥夺原始商品的价值，并为更热情的观众提供了更好的商品。这种做法大胆挑战了顾客期望设定的边界，然后发现确实有部分顾客群想要稍稍重新定义太阳马戏团核心产品的边缘。

此外，谨慎行事也相当必要。从定义上看，边缘机会可以测试相邻领域机会促使基本资产发挥潜能，如果企业进一步踏进一个邻近却不同的领域，按照边缘战略来操作的基本资产，便会快速崩溃并且增加风险。太阳马戏团曾亲身体验过这一教训，2000 年年初，太阳马戏团一度想向外发展，提供以马戏团为主题的酒店及水疗服务，此举简直大错特错。公司的执行官后来也承认："投资人肯定会问：'太阳马戏团对酒店业及餐厅了解多少？'"后来公司为了专注于"创造不可思议的表演"，聪明地退了一步回到原地，并且为每年 1 500 万名观众提供了选择性的产品升级服务。这家公司从进入邻近产业到退出这高风险（且失败）的一步，反而展现出更强大的经济效益，同时通过专注于从边缘机会中获得利润，也赢得更多忠实的顾客。

第六类：满足知识的需求

满足知识需求的升级销售意味着向顾客提供与核心产品相关的教育、培训或简单的情况了解，这不表示顾客都会付钱让你传授和核心产品有关的先进技术。当顾客购买一台 iMac、iPad 或 iPhone 时，就获得进入苹果天才吧（Genius Bar）的权利，在门店里经由店员的协助与介绍，通过实际操作来熟悉产品。这些免费的一小时工作坊需要苹果公司投入一定的成本，它们将确保产品能被大量使用，同时提升某些较不擅长使用高科技产品的顾客的忠诚度。此外，公司也很有效地针对每项产品，以每年 99 美元的价格，升级销售不限次数的一对一服务。根据我们的观察，许多加购这项服务的顾客在参加了头几次的工作坊活动后，就会渐渐减少参加频率，甚至很多人在付钱加购后从未参加过。为参加工作坊的顾客安排场地、设备等，对苹果公司来说是递增的投资，因为苹果不过是利用销售产品的同一批员工来提供免费课程。苹果公司凭借严谨的时间安排，确保人力的运用达到极大化，并且通过提供培训服务，创造出比第三方培训公司更高的利润。

满足知识需求的升级销售在 B2B 领域尤其普遍，例如专门提供信息的荷兰尼尔森公司拥有超过 4 万名员工，核心产品是提供媒体营销、消费者行为与收视习惯的相关分析数据，例如，提供零售统计服务来估计市场占有率与具有竞争力的销售量，同时提出关于定价及促销活动的建议，让企业在面对顾客时能善于运用自己的营销与广告策略。

尼尔森的升级销售过程也很明确。尼尔森一开始是提供标准的调查结果，但很快就转变为提供高利润的定制化研究。如果向营销团队提供的细分顾客群的数据已足以让人信赖，公司就会以此为基准销售更多更全面的解决方案。例如，尼尔森起初会提供电视的收视率数据，然后升级销售网络及手机的使用数据，使之成为更丰富多元的顾客反馈。再在上面叠加数据分析，可以为顾客带来重大价值，也为自己带来更多利润。尼尔森利用所销售的数据，在顾客旅程中更进一步提供分析解释，通过让顾客多消费一点来在核心产品的边界探索机会。

研究显示，将近 1/4 的企业会在核心产品的边缘提供满足知识需求的升级销售，其中咨询和培训是最常见的两种应用。在工业界尤为普遍，将近有 70％的企业会通过设计辅助方案、认证或其他形式的建议及协助来提供附加产品。然而，我们也发现，这些企业实施满足知识需求的升级销售的过程并没有连贯性。随着主要产品基于知识的程度越来越高，甚至成为公司的主体业务，每位顾客适合的知识性产品各不相同，很多企业尚未完全利用这项附加利益。

实践者笔记

● 基于边缘机会的升级销售和"好、更好、最好"模式的产品差别化营销策略不同。升级销售，企业向顾客展示的是一般性的基本产品，让顾客选择性加购附加产品来满足定制化的需求。这样的升级销售可以围绕产品或旅程边缘战略使用。

● 将创新与附加功能变成核心产品的一部分，虽能强化原有产品，增强其竞争力，或设计出不断升级的产品，但却必须承担风险。这些方法带来的利益只是短暂的，同行最终也会跟上你的脚步、瓜分你的利润。如果将这些强化核心产品的功能作为升级销售的选项，即便面对竞争，也可以保护增加的价值。

● 基于边缘机会的升级销售秘诀在于校准产品内容。询问顾客有什么期望是目前产品所未能满足的，如果其中有和基本产品内容不同的地方，就要决定如何定制产品以符合顾客的需求。

● 基于边缘机会的升级销售是典型的顾客友善型战略，只是促成一项被需要和被期待的交易。在许多案例中，无论是在什么情况下，交易一定会发生，企业常常是在过程中不知不觉就提供顾客服务了。

● 基于边缘机会的升级销售常会深化企业和顾客间的关系，并建立顾客的忠诚。试着让顾客看见，你能成为协助他达成任务的好搭档，促使顾客认为"是按我的方式来消费的"。

● 若要创造利润，基于边缘机会的升级销售将非常必要且合适。升级销售提供的是附加在核心产品上的额外服务。如果这项附加产品不易提供，公司一开始就可以把它外包给其他能力更适合的厂商去进行风险评估或执行等，之后随时都可以接管价值链。升级销售之所以能量强大，是因为很多事物很快就能附加到产品上。

● 基于边缘机会的升级销售的绝大部分价值体现在执行起来相当容易。某些顾客想要得到更多，要发现这些顾客与其未被满足的需求并不难，因为这些机会就在核心产品的边缘上，并不会很难把握。

● 总而言之，基于边缘机会的升级销售应该符合边缘战略的基本准则：

——需利用一系列现有的基本资产。

——提供这些升级销售所需的努力（无论是人力或资本），应该以基本资产为基础，再额外逐渐递增。

——为了独立衡量财务表现，附加产品应该被单独呈现在顾客面前，让顾客定制自己想要的产品。

第六章

/

在逆境中运用边缘战略盈利

升级销售是种乐观主义的哲学，其假设前提是一些顾客愿意花费更多金钱来换取额外的好处。然而，边缘战略在核心产品的经济模式受到威胁时，也扮演了相当重要的角色。

在大多数产业中，利润压力普通存在，不可避免。一般而言，在经济衰退时期，绝大部分的产业都纷纷面临利润大幅下滑的问题，但这种局面却是可以逆势突破的。我们观察了一些产业的业绩表现，发现只有少数企业获得了可以接受的利润，大部分企业都要在成本压力下寻找解决方法。

用创新来改善获利状况是真正的市场领导者的一大特征。运用边缘战略来对抗利润的压力意味着，必须找出无法为企业带来利益的顾客。除非企业的核心产品能够高度满足各种类型的顾客，否则必然意味着一些顾客为企业创造的价值比其他顾客低。事实上，有些顾客可能真的无法带给企业任何利润，这种情况十分普遍。

无法带来利润的顾客会为公司运营带来极大的负担，每一次向这些顾客提供服务或销售产品，都是在稀释从其他顾客那里获得的收益。

管理无法带来利润的顾客

内部边缘战略对于区分出无法带来利润的顾客、改善这一问题特别有效。企业可以把他们排除掉，或是直接将他们转变为能创造收益的顾客群。用边缘思维来看，这表示要找出核心产品中普遍不受青睐的部分。一旦发现了，就可以选择性地将这些内容从核心产品中拆分，让它们不再出现在提供给所有顾客群的核心产品的基本内容中。重要的是，这样做无须因为产品内容减少而降低新核心产品的价格。

一旦做出市场细分，就可以根据不同顾客群的需求来分别销售附加内容。提供选择性的产品反而可以创造出公平的消费情境，不需要附加价值的顾客无须购买，需要的顾客额外付费。以固安捷公司为例，这是一家市值百亿美元的公司，提供从安全设备到电子照明器材，从维修工具到清洁产品的维护、修理及操作服务。

固安捷会和顾客订立服务协议，清楚写明将在何时运送什么产品到哪里，以及多久运送一次等内容。然而，顾客千差万别，不同的订单带来的利润也不同。例如，紧急订单、退货、补货等，都会为固安捷增加有形的成本，当然公司可以自行消化某些因突发状况造成的成本，或更进一步选择顾客至上容忍这些问题；但是，固安捷也可以找出哪一部分是公司最大的成本负担，然后将它从产品中剔除出去。每当公司重新评估产品的不同价值，决定哪一项该被剔除，在剔除后又该额外收取多少费用后，会在客户群里产生三种结果。

第一种是确认必须保证的基本顾客。这类顾客是非常重要的，不论他们需不需要，固安捷都愿意提供某些非标准的、昂贵的服务。他们是购买核心产品的顾客，公司当然必须谨慎对待，不要与他们起冲突。认为附加服务很重要的顾客，固安捷获得了他们的忠诚度，而且认为这是他们曾免费享受过那些特别服务所致。固安捷曾明确表示，应该针对需要特别服务的对象额外收费，而不是让不需要的顾客补贴他们。

第二种结果是划分出另一群必须接受消费规则改变的顾客。这些顾客曾经享用了公司提供的附加服务，却没有为公司带来利润，这类成本如今他们必须承担。例如，对于补货这类服务，他们需向固安捷支付额外的费用，或者改变他们的消费行为，减少这类成本高昂的活动。在划分之后，这一顾客群现在能带来令人较满意的利润，这是通过内部边缘战略使他们支付更多费用的结果。显然，必须改变顾客的消费习惯，但公司也必须谨慎地与他们沟通协调。千万不能忘记，使用内部边缘战略并不会造成强制性的费用。相反，内部边缘机会是在核心产品的基本内容和选择性内容间界定出差异，前者能被大部分顾客所接受，后者则可以额外建立出更完善的解决方案。事实上，针对这些先前被忽略、具有差异性的有价值内容收取费用，是所有边缘战略中最棘手的。然而，如果这么做能使得公司的经济状况更稳定，就是明智之选。

第三种结果是让先前不能为公司带来利润、不愿意对有价值内容额外付费的顾客离开。让顾客离开的事实也许很痛苦，但对公司来说终究是一件好事。想象一下，如果固安捷有一位顾客，每周至少有四天要求以快递发货，对公司来说不仅增加了一笔实际支出，也会耗费看不见的机会成本。因此，将快递服务从核心产品中剔除出去，然后向顾客收取额外的费用将会是一个合适的解决办法。这样一来，固安捷就可以补贴附加服务所造成的非一般性成本。如果顾客宁愿离开也不愿意支付额外费用，其实不会对固安捷造成影响。就如同通常企业会关闭不盈利的工厂和店面，或者终结一条无法赚钱的产品线一样，减少不能为公司带来利润的顾客也是理所当然的。

在针对全球各大企业所做的研究中，我们发现有 8% 的企业在运用这类内部边缘战略。剔除核心产品部分内容的原因不外乎利润的压力，不过这也的确是一套基于利润来做市场细分的机制。在工业、消费品业与健康保险业中，也能发现这项战略的踪影，不过应用最普遍的还是金融服务业。接下来我们将分析美国航空业如何利用内部边缘战略改变其盈利状况。

运用边缘战略逆转的航空业

自从达·芬奇在笔记本里画出飞行器以来，飞行就引起了向往蓝天的勇敢者的注意。自从 1978 年航空管制撤销之后，美国的航空业做了所有达·芬奇可能会问的事情，除了赚钱。例如 2001—2008 年年底，申请破产的美国航空公司不下 15 家。然而，大约在 2008 年，出乎所有人意料，航空业的表现竟然开始趋于平稳，甚至在最近几年里，航空业的利润开始增长，其总市值也开始由之前的低点向上攀升。

这其中有什么秘密？航空业的转折不是来自一项大胆的创新技术（如发明碳纤维飞机、开创新市场，或是降低成本的创新），而是运用了适当的方案所致：将基本产品切割为能定制化的选项及附加服务。对于许多航空公司来说，这项简单的改变就是决定未来破产还是存活的关键。这也是利用内部边缘战略应对利润挑战的典型例子。

正面迎战利润下滑的大环境

2007 年年底，全美第三大航空公司联合航空的执行官、未来联合航空主席约翰·泰格和其团队成员在芝加哥附近举行了好几场会议。在之前的五年中，泰格和他的团队致力于让联合航空逃离破产的命运并且扭亏为盈，2006 年终于达成目标，但他们的任务离结束还有一大段距离。事实上，据估计，全球绝大多数的航空公司已经多年无法为投资者提供回报了。在这个病恹恹的行业氛围中，联合航空、达美航空及美国航空更是在我们研究的 80 家全球性航空公司中经济利润（在排除投资人因素下，期末净资产与期初净资产相减的差额）最低的航空公司。

此时，油价也开始飙升，2007 年 1 月，布伦特原油一桶要价 54.3 美元，到了年底，油价竟然涨到每桶 91.45 美元。燃料对于航空公司来说原本就已经是一项可观的成本，当时大约占联合航空营运成本的 25%，所以油价翻一番简直是一场灾难。同理，在金融危机爆发以及经济大衰退初期，各大企业都削减了出差预算，对成本非常敏感的休闲娱乐业选择了减少出行。"居家度假"（staycation）也变成了当下很流行的词汇。联合航空 2007 年的载客收益是 153 亿美元，但却在两年内出现 22% 的下滑。这家航空公司的规模正快速萎缩，而且利润不仅是下滑，甚至已形成亏损。

不久前才经历破产、在无情的产业竞争中无法维持强势表现，都让联合航空遭受市场进入门槛低、资产成本庞大，以及价格透明化侵蚀利润等问题的困扰，它们必须想办法让公司获利。为了对抗这一困境，泰格及他的团队共同策划出一系列边缘战略。该战略的中心思想是，找出内部边缘机会并创造新选项，使得以往无法带来利润的顾客能为公司带来收益。随着压力达到有史以来的最高点，泰格决定加速引进一项他知道会带来巨大争议的改变：现已"恶名远播"的行李托运费。

运用边缘战略合理收费

当时，乘客在一趟航程中最多能免费托运两件行李。这项服务所费成本巨大：在起飞之前，行李将被托运、贴上标签、扫描、放上传送带、分类，然后再被运送上飞机；抵达目的地后，乘客在行李领取处拿取行李时，整个行李处理流程会倒过来再进行一次。在许多航空公司中，处理行李的人力是最耗费成本的部分，而信息系统、传送带及运输车也必须适当运作与维修，还需要有客服人员负责处理后勤不可避免的失误。最后，每一件托运行李都会产生额外的燃料成本，在每一张往返机票中，平均每件行李（23 公斤以下）会被运送二到四次（根据是否有转机）。针对这一情况运用内部边缘战略的逻辑不言而喻。联合航空提供服务耗费的成本超过了可以得到的平均收入，这迫使它不得不重新审视核心产品的内容。托运行李是需要成本的，但并不是每个人都需要这项服务，例如高收入的商旅人士通常都不托运行李，在"一刀切"的模式下，不需要此服务的人就间接补贴了托运行李的人。因此，2008 年 2 月，油价飙破每桶 100 美元的一个月前，联合航空宣布让乘客仍可继续享受免费托运一件行李的服务，但如果想托运第二件就得额外支付25 美元。

当联合航空实施这项策略时，在保护更有价值的顾客时特别谨慎。基本上，对能为联合航空带来利润的顾客而言，几乎不会受这项政策的影响。为公司持续带来生意的顾客，在联合航空的"前程万里"飞行计划中已经是 VIP 了，他们不必交纳任何额外费用。

最重要的是，在商言商，追求利润所带来的压力迫使联合航空做出一些困难的选择，用部分消费者反对的声浪，来换取较理性甚至是更公平的收费结构。分析出产品的内部边缘机会，能更有策略地化腐朽为神奇，提供利润，比很多其他替代方案要优秀许多。

虽然大部分的成果归功于行业整合，但附加产品的收益对航空公司来说还是有所帮助的。几乎各大航空公司都迅速跟上联合航空的步伐，分别制定出第一件与第二件行李的收费价格。许多消费者对此做法表示反对，却未必真的会给航空公司造成影响。其中达美航空非常积极地宣传将省下来的数十亿美元重新投资在为顾客带来更好服务的项目上。顾客满意度调查公司J. D. Power and Associates 的数据，达美航空现在的顾客满意度比收取行李托运费前还要高。

根据美国运输统计局的数据，美国的航空公司在 2014 年一共赚取 35 亿美元的行李托运费。在 2012—2014 年之间，附加服务的收入平均占总营业收入的 2％，但却惊人地创造出整体产业 37％的营业利润。

以附加服务获取巨额利润

边缘思维也为许多外部边缘创新铺路。这种附加产品近期的演变重点在于第五章提到的技术，即让乘客通过升级销售获取更好的服务。航空公司将这项外部边缘思维应用在销售快速登机、贵宾室、更宽敞的座位，以及高端餐点与饮品选择上。2014 年，美国的主要航空公司光是在附加服务上的收入就高达154 亿美元，与 8 年前微不足道的情况相比实在是成长甚巨。鉴于提供这些服务的能力早已存在，航空公司要做的只是向乘客提供购买这些服务的机会就好。

在我们所描绘的边缘战略的特色当中，这些在核心产品外递增的付出可以带来极高收益，联合航空和一些同业即在收入上取得大幅成长。2003—2007 年，当它们从破产的命运中挣脱出来时，联合航空和达美航空的经济利润表现垫底（见表 6‑1）。但2010—2014 年，这两家航空公司已经名列前茅，甚至排在阿联酋航空、西南航空及其他七十几家以往排名超过它们的航空公司之前。

表 6‑1　　　　　各航空公司的获利情况一览

2010—2014年的排名	公司	2005—2009年的经济利润（亿美元）	2010—2014年的经济利润（亿美元）	2010—2014年的排名与2005—2009年排名的比较
1	达美航空/西北航空	−58.24	96.60	⬆⬆76
2	联合航空/美国大陆航空	−41.68	69.57	⬆⬆72
3	全美航空/美国航空	−52.10	67.25	⬆⬆73

2010—2014年的排名	公司	2005—2009年的经济利润（亿美元）	2010—2014年的经济利润（亿美元）	2010—2014年的排名与2005—2009年排名的比较
4	日本航空	−59.95	37.80	↑↑74
5	阿联酋航空	9.1	35.27	↓（−4）

说明：经济利润是指股东回报减资本成本。

资料来源：L. E. K. 咨询。

拆分打包服务

上一章讨论过，如何将服务项目附加到核心产品上，以创造升级销售的机会，进而收取更多费用与提供更多服务给需要这些附加内容的顾客。然而，如果这些服务已经包含在基本的核心产品中，但不被所有顾客青睐该怎么办？

如同先前讨论的，我们仍然试着解开这个最优化的方程式，最终目标是增加更多能为公司带来利润的顾客。然而，当定价策略搭配上边缘思维时（提供更多附加产品以收取更多费用），还有个方法即减少产品或服务的成本来创造经济意义上的增加值（简化产品内容，收取较低费用）。当一部分顾客买到的核心产品不符合期望设定时，公司必须采用升级销售的原理，重新定义核心产品，然后根据不同顾客群的需求重新设计产品来解决这一问题。而拆分的思路，则是必须设计出更精简的产品或移除某些核心内容。在产品或旅程边缘战略中，移除某些服务并将之独立销售，可以更精确地掌握不同顾客群的需求，如此一来，自助式服务就成为对抗利润压力的内部边缘机会。

例如，在加油站行业，虽然如今自助式加油在美国已成为标准的模式，但最初并非如此。该行业原始的核心产品包括一位服务员，不仅帮顾客加油，还会清洗挡风玻璃、检查机油，最后结账。回顾这种内部边缘战略是如何出现的，我们能了解到这种现在已司空见惯的模式背后的动机，以及它是如何提高顾客满意度的。

利用自助式服务来增加利润

加油站每卖出一加仑汽油的利润仅有 3 美分，利润率非常低，不超过 1％。美国有 80％的加油站采取与便利店相结合的模式。汽油销售占加油站主要收入的 2/3 以上，但加油站 2/3 的利润来自其他业务，比如销售零食、咖啡与其他商品给来加油的人。这些年加油站致力创新及改变内核模式的行为并不令人意外，最初是引进自助加油泵，重新定义加油服务。这个故事要从 1947 年弗兰克·乌尔里克位于洛杉矶的加油站说起。

生来注定成为企业家的乌尔里克创办了全世界第一家自助式加油站，当时市场上尚未出现自动化模式，所以通常需要有几名穿着溜冰鞋的员工穿梭在加油泵之间，向顾客收取现金，然后重新设定机器以便给下一位顾客使用。不过，降低劳动成本的意义重大，这意味着乌尔里克可以为顾客提供更划算的交易。

然而，即使如此，其他传统的加油站仍然是行业主流，因为这些加油站大多属于财力雄厚的油商，它们花大把钞票游说国家的监管机构，要求查禁提供自助式服务的同业竞争者。就在乌尔里克采取这项创举的两年后，新泽西政府便被成功说服，禁止设立自助式加油站。

即使科技取得了进步，对于自助式加油站的质疑声还是没有消失。1996 年，即引进自动化加油泵两年后，仍然只有 17 个州允许设立自助式加油站。同样地，许多从业者不认为顾客会接受加油站精简服务：如果已经有人准备帮你加油，你又怎么会想要下车自己动手呢？

后来，该行业出现了重大转折。1973 年 10 月，由于石油输出国组织实行石油禁运，油价瞬间从每桶 3 美元疯涨四倍到每桶 12 美元。与一般人的认知相反，油价急速上升对加油站来说并不是件好事，在这个高度竞争的行业中，当批发成本刚开始上升时，加油站（暂时）难以同比例涨价，因而利润需承受极大压力。再者，这种冲击也会使经济困顿的消费者产生弹性反应。

利润的压缩迫使加油站重新考虑过去尝试过的边缘战略，即自助式服务。萎靡不振的利润问题在一定程度上可以通过差异化不同顾客群的服务成本来解决，也就是依据顾客不同的需求来决定加油服务的内容。到了1982年，有72％的汽油销售来自自助式加油站，和1969年的16％相比上升明显。

重要的是，这一革新只需要对某些新科技做极少量的投资。假设你在某个交通繁忙的地段拥有一家加油站，地下油槽和便利店早已具备，此时投入额外的资金进行自动化改造是恰当的做法，但也会产生非常不同的成本结构。有趣的是，加油站剔除了服务人员后，竟比原来更受欢迎：自助式加油站现在大约占全美汽油销售的90％。将原本和加油捆绑在一起的服务拆开，并提供可以真正创造双赢的选项（自助模式为消费者降低了大约10％的成本），对于加油站来说，每天能带来双倍的利润。

当自助结账模式开始进入杂货店、居家饰品店与其他零售店时，我们不只见证到科技的发展，也见到和加油站案例中类似的效果。在过度发展、店面销售额逐渐下滑的环境中，各种产业的零售商都面临着利润很薄的严重压力，却还要面临极大的压力。当它们开始拆分自己打包式的服务时，正是在挑战内部边缘机会，也就是在转变零售经销商的概念：交易不是非得通过人力才能完成，如果科技可以降低劳动成本，甚至通过快速结账提高顾客满意度的话，那么这种现在尚未普遍提供的选择性服务，很可能在不久的将来变成市场的主流标准。

以科技取代人力来维持利润

造成利润压力的根本原因究竟是什么？一般来说，有下列两种可能。第一种情况是，随着企业成长，提供核心产品的复杂度会提高，企业无法遵循最初的运作模式。第二种情况是，来自同行的竞争越来越激烈，产品很快就会被模仿，以致定价的话语权悄悄转移到顾客一方。在这两种情况下，现行的做法将难以为继。

前面曾强调过，任何针对利润压力问题的边缘战略解决方案都必须从以顾客的角度分析自家产品开始。医疗器械界提供了一个优秀的例子：从顾客的角度探究自家产品的组成，有些公司正在挑战自己的产品及旅程边缘，为的就是对抗稀薄利润的威胁。

以施乐辉公司为例，这家全球数一数二的人工膝关节与髋关节植入器材制造商和其他4家公司占据了全美人工膝关节与髋关节95％的市场。施乐辉公司的业务员能帮助外科医生挑选进行手术的合适工具，是非常重要的角色，业务员会在手术前向医生提供实时咨询，展示多种植入器材并提供建议，帮助医生从数百种手术工具中选出最合适的，这种行为相当普遍。

然而，医疗改革为医院带来成本压力，而这些医院就是施乐辉公司的顾客。降低医保报销比例、压缩成本以及付款人的压力，已经显著达到节省成本的目标，接着医院开始仔细审视合作对象。由于施乐辉向医院提供可开展咨询服务的业务员成本可观，占植入器材最终价格的40%，医院也发现了这一点，因此开始出现抵制行为。

施乐辉大可单纯以降价的方式向利润率妥协，甚至大方邀请同行一起加入这一具有破坏性的价格战（更糟糕的是，一旦为了某些医院降低价格，就不可能对其他医院维持原价），但施乐辉却重新审视核心产品的内容，发现可以从内部边缘进行拆分：不是每一家医院都需要业务员服务。有些医院觉得这项服务没多大价值，因为医院本身已经发展出协助外科医生选择工具的能力；也有些医院甚至不欢迎供货商参与临床决定；还有些医院则是不乐意支付这种捆绑销售的费用。不论原因如何，这里很明显潜藏着发展全新模式的机会，与其降低价格，不如舍去由业务员提供技术协助的服务。

施乐辉将这项没有业务员的方案称作 Syncera。当施乐辉在2014年7月的投资人说明会上宣布这项新的销售模式时，预估髋膝关节产品的售价会有 30％～40％的折扣，而且能吸引 10％的顾客加入这项新模式。Syncera 提供的不是最新的产品，也没有业务员直接提供协助，而是利用 iPad 的应用程序帮助外科医生选择手术工具。

这种产品销售模式的改变很快就传遍整个业界，许多生产手术器械的公司不是正在考虑采用这种模式，就是已经完全张开双臂迎接它了。Syncera 模式不是要侵蚀公司的主要业务，而是要明确地维持利润。"我们认为这项模式可以与传统模式共存。"施乐辉 Syncera 项目总经理斯图尔特说道。

就像许多边缘战略都需要重新建立起在新产品周围的顾客群一样，这项新的销售模式也是在产业里逐渐升级，而且在广泛的竞争下一直不断改善。这种没有业务员协助的模式，同时减少了供货商与顾客（即医院）的成本。

在我们写这本书的过程中，Syncera 创造的改变还是非常新颖的，能否站稳脚跟，还是仅能暂时减轻供货商的利润压力还不得而知。不论如何，这都是一项高度创新的方法，在核心产品上应用了典型的内部边缘思维，进而有效创造出前所未有的选项。其他制造商则是运用不同的内部边缘战略，目标在于减少直接参与的程度（如远程视频会议、转运配送、直接供货等）。我们相信，一波令人兴奋的战略性动作正在崭露头角，目的是要达成如同我们医疗界伙伴所说的"压低成本曲线"。

运用边缘战略走出困境的学校

经济大衰退带来的不幸结果之一是美国许多城市都面临严峻的预算压力。税收减少使得国家的补助缩减，学校的经费也大幅削减，学校不得不持续提高学费。据某些研究的估计，在发生经济危机前，花在一位学生身上的平均成本，在过去 20 年来上涨超过 40％，这导致公立学校利润压缩，或者更准确地说，是深深陷入赤字之中了。

许多学校不得不裁减科系（音乐及外语系通常为首要目标）或体育课与课外活动来解决经费问题，但也有些学校采取不同的处理方法，即找出核心教育内容的内部边缘。这项战略对校方来说，就是要挑战"一刀切"的模式，减少教育的基本内容，将减掉的部分替换成可供选择的额外选项，供那些认为其有价值的学生付费使用。"学生必须像我们的国家一样明白，你无法得到所有东西，"俄亥俄州梅迪那市的学校管理人兰迪·斯特普说："我们不得不做出这些困难的决定。"

不同的学生群体本来就有不同的需求，因而具有内部边缘机会。选择性收费最有趣的地方在于，收费绝不会针对必选项目，学生不会因为修英文或数学课程接到额外的账单。在某些情况下，"顾客"完全不必支付额外的费用，比如学生没有兴趣上法语课或体育课，因此这个战略对学生（与家长）来说不会有什么影响。然而，如果家长认为这些课程对学生的成长或将来升学是必备的，就可以选择购买课程，让教育内容变得更扎实。这种依自身需求打造的教育模式引来不少争议，但我们认为，这是对每个人都好的解决方案，比许多地区直接减少所有学生的教育内容的做法要好很多。

生命总是充满挑战，无法速战速决；这里的重点不是让每个人的情况都能好转，但应用边缘战略，却能够创造公平的架构来接受必要的成本压力，对更少的人造成更小的影响。宾夕法尼亚州帕米拉市的学校管理人克琳·凡诺德说："如果我们能将某些昂贵课程中较高的成本直接让使用者来负担的话，似乎比让全校的人一起负担（以加税的方式）更公平。"

实践者笔记

● 许多核心产品面临的问题是，公司实际上是免费奉送部分产品或服务给不需要的人。因此，公司会有许多无法带来利润的顾客，这些顾客不仅对公司没帮助，也无法与公司长期合作。如同被挖掘出来的升级销售机会，利润的压缩迫使企业审视顾客，最后以不同的方式对待不同顾客群。

● 内部边缘战略是一项应对利润压力的利器。基本上，这是种校准的工作。

——如果大部分顾客需要的功能及特性比标准产品里的少，就表示产品的边缘可以加以调整，让产品转变为精简后的新状态。

——届时，公司可以赚取盈余，以及向想要比新标准产品内容更多的顾客收取更高的费用，或是"少做一点"来降低整体成本。

● 在"少做一点"的内部边缘战略案例中，公司可以为自己抓住每个节省成本的机会，或是将新发现的经济利润直接与顾客分享，创造双赢的局面。在公司独享利润的情况中，仍然可以通过增加投资以改善产品的方式，间接与顾客分享利益。

● 要找到内部边缘机会，一开始通常要审视是不是每个人都需要核心产品中的所有功能及特色。

——不能得到所有人的青睐（及超出重新定义底线）的功能，就是重新定义产品时要考虑的重点。

——对只需要最基本产品的顾客而言，重新推出剔除部分内容或服务的新产品，通常不会受到任何影响。

——本身不能为公司带来利润的顾客，必须通过买回选择性产品、让核心产品更完整的方法，来承担自己造成的额外成本。

——能为公司赚钱的顾客应得到特殊对待，让他们不再为从产品中移除的非必要功能花费金钱。

● 在资源有限的世界里，边缘战略创造出建设性的选择，让更多人可以得到他们想要的。即使有些人的经济状况较差，他们仍然有选择：使用精简的产品或额外付费买回附加功能。"一刀切"的做法才会让很多人体验更差。

第七章

/

借助边缘机会塑造产品差异性

三十年河东，三十年河西。竞争优势稍纵即逝的本质，来自产品在市场上久而久之都会同质化的趋势。竞争对手永远都会侵蚀、复制你的发展，进而消除与你的产品之间的差异性。一旦有可接受的替代品出现，顾客就会把关注点放在价格上，然后公司的利润将受到挑战。这个问题之所以会日趋严重，是因为科技的进步让厂商互相模仿、复制产品功能变得越来越容易、迅速，而且成本低廉。克服这一问题的唯一办法就是进化，不过创新也有可能间接帮助竞争对手省去研发的过程，所以似乎再怎么创新也收效甚微。

在没有办法持续开发产品时，边缘战略往往是对付同质化周期的最佳武器。上一章讨论了如何利用内部边缘战略应对由成本递增造成的利润压力，本章则将检视如何运用产品与旅程边缘机会，对抗过度竞争产生的利润压力。

对抗产品同质化最有效的营销技巧，有些并不是新方法，例如，定制化服务、解决方案式销售，以及某些情况下会运用的捆绑销售。要同时执行这三个方法很困难且花费高昂，但若将边缘思维应用到这些技巧上，就能让行动变得更简单、更便宜且卓有成效。这三种方法在经由重新建构后分别为：

1. 基于边缘机会的定制化服务。

2. 基于边缘机会的解决方案式销售。

3. 基于边缘机会的捆绑销售。

第一种方法是利用附加产品作为快速、低投资的方式来支持商品配置；第二种方法是利用边缘机会提高产品或服务的价值，让顾客不要仅依据价格决定是否消费；第三种方法展示了如何打包核心产品周围所有具有边缘机会的附加服务，进而在有多种选择的情况下，创造有意义的产品特色。

同时运用这三种方法，能创造出强有力的营销方式，不仅可以改善顾客体验，也可以拓展顾客的价值观。持续重复运用这三种方法，能帮助企业接近顾客，对抗产品同质化，长远来看还能确保利润率。

接下来将介绍产品边缘机会如何实际完成定制化服务。换句话说，本章将说明如何运用在第五章与第六章里提过的战略，没有负担地踏上充满挑战的征途，让顾客享受定制化服务的好处。

基于边缘机会的定制化服务

定制化服务是对抗产品同质化的终极武器。如果能让顾客相信，他们买的产品是独一无二量身打造的，顾客就难以将你的产品与其他竞争者做比较。这一方法的终极形式就是为顾客定制产品。从字面上来看，定制是指产品从原料到确切规格都按顾客需求制作，是独一无二的。在这个模式中没有预制，产品生产制造的过程发生在订单成立之后，最贴切的例子就是高端成衣定制：技术精湛的裁缝在量好顾客的尺寸后，从布匹上剪下用料，将之缝制成一件完全贴合顾客身材的衣服。

除此之外还有许多其他例子，为顾客装修房屋也是类似的模式，还有大型建造工程，如委托建造一艘新船。在这些案例中，顾客会预先设定所有想要在完成品中看见的内容，供货商依此设定来动工生产。如同第二章图2－2所示，上述案例就是完美重叠的情况，即产品完全符合顾客期望设定，因为一切都是按照顾客要求制作的。然而，麻烦的是，这个模式毫无规模效益，除此之外，企业还必须有技术高超的团队来生产这些定制化产品。

以模块兼顾定制化与规模效益

如果你曾研究过服装定制厂商，很可能会发现，一些标榜为顾客量身定做服饰的厂商，虽然以销售个性化商品为诉求，但价格却比传统的量身定做便宜许多。因为这些公司不是真的从头开始制作顾客的产品，而是有一系列的模板，即使厂商像传统的裁缝一样测量顾客的尺寸，实际上仍采用模块化生产。它们运用一系列事先定好的内容来配置顾客的产品。如此一来，顾客买到的产品确实是定做的，而且看起来感觉经过了特别制作，这足以满足几乎所有顾客，除了格外苛刻的。

厂商之所以可以提供较低的价格，是因为其中有一些规模效益存在，而且该模式比起真正量身定做的方式来说，不需要那么多的专业人士。这种模块化生产也存在于房屋建造和工业化产品生产中，在这些案例中，企业都是试着利用定制化服务来避免价格竞争与产品同质化的威胁。

同理，基于边缘机会的定制化服务也是一种简单快速提供定制化的方法。企业必须积极运用边缘战略，在不必改变核心产品的生产方式的同时进行产品配置。找到核心产品的边缘机会就能造就一块基石，让顾客能定制最适合自己的产品。

基于边缘机会打造差异性的饭店服务

饭店业是找寻新方法来实践边缘战略的绝佳例子。一些饭店从业者发现，他们必须更明智地针对顾客需求来做细分，而且使用更为定制化的方法，避免其核心产品同质化。时至今日，饭店业也开始使用基于边缘机会的定制化服务来与同业竞争。

从较宏观的层面来看，饭店业中有四个主要角色：财产所有者、管理公司、经销伙伴以及饭店品牌。由于过去几十年来许多大型饭店都已转向轻资产的营运模式，财产所有者通常都是不动产投资信托、富豪或是家族基金，业主把重心放在找寻有需求的地点、选择有价值的不动产、建造吸引人的设施，以及和其他三个角色达成协议上。管理公司和经销伙伴同等重要，不过他们大多扮演中间人的角色，负责指引方向并向财产所有者或饭店收取费用。饭店品牌是产品创新的驱动力，聚焦在定义及管理饭店的标准产品内容、设计营销信息以及改善系统（在线预订系统、顾客忠诚计划等），使饭店能吸引更多顾客。

传统上，饭店业赚钱的方式，就是在地产上"押对宝"，确保服务的一致性，接着严格管控成本，避免在营销上花费过多金钱，这种模式可以确保饭店在整个经济周期中维持良好的供需平衡。因此，业界往往不大能容忍会让营运变得复杂的事物，如非标准的客房服务。大多数饭店仅向顾客提供少量的选择，例如在规定的时间段办理入住及退房手续、有限的房间类型，以及基本的额外加购项目（例如，迷你吧或精选电视频道）。

在饭店业中，产品同质化一直是个威胁。在线订房平台对饭店业来说就像一把双刃剑，它们在提供可观的顾客流量的同时，也向饭店业者收取15％～20％的佣金，迫使业者只好以破坏利润的方式来定价。再者，在线订房平台有自己的顾客忠诚计划，希望成为顾客每次旅游时第一个想到的对象。同质化压力的加剧，完全是因为饭店业者长久以来只用价格来反映自己的定位（例如奢华的、高档的、中等的、价格低廉的等）。

如今饭店业者已经开始改变。规模较大的饭店极力发展生活风格产品线，以贴近顾客的个人特质，区别于传统饭店重视地点、星级、房间大小及价格等条件。不过，建造或购买新的饭店是一笔昂贵的生意，而且可能要花好几年的时间，不仅如此，也没有真正解决让数千家饭店成为产品同质化受害者的根本问题。而边缘战略对于大多数的产品类型，都能提供较容易且投资报酬率高的替代方案。有一些高级饭店业者凭借珍贵的数据库，开始为顾客创造增值服务。这些产品外部边缘的典型选项，不是全新的相关产品，而是饭店核心产品周围的加强性产品，例如饭店主动接触爱打高尔夫球的房客，为其预订开球时间；为热爱美食的房客安排饭店餐厅订位与水疗预约事宜；或者在房客入住之前，选择性地将房型升级到更高级别。这些选项大多早已存在，只是饭店业者过去不曾仔细分析，并以这种方式呈现出来。边缘战略明确地让核心交易能自然发生，然后十分积极地推销选择性的产品，作为独立的附加强化功能。

这个方法将极具竞争力的产品（即饭店的豪华房间）转型为更定制化的行程体验。推动这项战略的关键要素本已存在：饭店的设备、顾客流量及沟通交流渠道，都是已有的资产，可以任意使用。这项战略要成功，不需要新的顾客群，亦不需要创造新的相关服务项目，只需要简单地使用基于边缘机会的定制化服务，用对顾客来说较容易的方式来选择附加价值，并且重新界定核心产品的边界。和其他形态的创新相比（例如为饭店品牌创造新概念），边缘战略的花费少许多。

基于边缘机会的定制化服务能将相对标准化的核心产品转化为更有延展性、更多定制化属性的产品配置。有时候，该战略一开始会利用非捆绑的选择性产品来创造更多弹性，也能创造出升级销售的强化性产品，为顾客提供几近独一无二的解决方案。然而，发现内外部边缘机会，只是对抗产品同质化的第一步，下一步是要能够辨识出旅程边缘机会，利用它将单纯的产品交易转变成提供解决方案后还能与顾客建立更深的连接。

基于边缘机会的解决方案式销售

大多数对抗产品同质化的努力，都在于为顾客打造解决方案。解决方案能重新引导顾客不要仅从价格角度考虑商品功能及优点，而是让顾客专注在成果上。基于边缘机会的解决方案往往能用最容易、风险最低的方法打破僵局。

工业气体行业已经开始运用此战略。Air Products & Chemicals 公司的经验说明了，如何利用旅程边缘机会让顾客从单纯选购产品转变成为更广义的任务而选购，而且排除某些会导致产品同质化的消费思维。

Air Products & Chemicals 公司市值超过百亿美元，主要供应工业气体、高性能材料、设备与技术，是全球最大的氢气及氦气供货商，在半导体材料、炼氢、煤气、天然气液化，以及高级漆料与黏合剂等市场上具有全球领导地位。虽然规模是进入这个产业明显的壁垒，但市场上还是存在许多竞争者，氢气与氦气这两种基本产品也逐渐面临同质化的威胁。

为了对抗这些压力，Air Products & Chemicals 公司转型为精于利用边缘机会提供解决方案的经销商。该公司在供应气体的核心业务里，仔细将所有符合旅程边缘机会定义的服务包装为核心产品，从而从销售基本气体转变为专注为客户提供解决方案。例如，公司供应半导体制造过程中所需的高纯度气体（如氮气、氧气以及氩气），如果顾客只根据气体价格做决定，Air Products & Chemicals 公司将很难保证可接受的利润率。然而，Air Products & Chemicals 公司在供应气体的核心服务周边，提供了各式各样可选购的服务，让顾客有更宽泛的解决方案。例如：

● 工厂评估服务。即为顾客评估工厂设备，帮助工厂增加生产力、减少耗电量、提高安全与可靠性。

● 运营与维修服务。即让有经验的员工在顾客的工厂驻点，协助满足顾客持续不断的实时需求。

● 共享零件及库存控制，确保关键维修工作使用的零件由同一家公司提供。

● 利用 Air Products & Chemicals 公司在数百家类似的工业气体工厂中的经验，针对峰值效率与可用性提供咨询服务。

● 针对顾客的设备提供安全培训，指导员工如何处理气体及相关设备。

销售解决方案是一项众所皆知的方式，可以帮助企业销售更多核心产品，但这一切需借由明确界定更广泛的需求、适当地说明论证，然后包装为一份有意义的产品来达成。基于边缘机会的解决方案之所以吸引人，是因为这项能带来高利润的方案出现在顾客的旅程边缘上，一开始就是希望能在顾客的任务中提供更多自然且可靠的协助。

在 Air Products & Chemicals 公司的案例中，供应链已经建立，技术工程师则是按规定出现在顾客的工厂。任何能够在顾客旅程中更进一步的服务，都能将一次次交易转化为实质的合作关系。如此一来，Air Products & Chemicals 公司的员工及能力就成了顾客自有员工的扩展部分。

一旦有了基于边缘机会的定制化服务及解决方案架构，就等于有了重新配置商品所需要的基石，这不是要针对核心产品做全方位的改变，而是针对边缘机会所做的温和的重新定义，以呈现出不同的产品。对不同顾客来说，这会是更全面、更容易被识别，而且更具吸引力的解决方案。

基于边缘机会的捆绑销售

捆绑销售是将所有产品或产品功能全都囊括在一件商品中销售的过程，能简化购买过程，但也降低了顾客直接就核心产品比价的能力。这同时强化了边缘战略的第三项应用，即在产品面临同质化威胁时帮助企业维持利润率。确切来说，基于边缘机会的捆绑销售是针对不同顾客群的需求从原始产品的边缘中挖掘出机会，对原始产品进行额外增补的积极重组过程。

捆绑销售不是必须的手段。事实上，有时候捆绑销售甚至不是最理想的市场营销策略（例如在选择有限的情况下进行升级销售）。然而，如果基于边缘机会的定制化服务能够让选择的数量倍增，那么基于边缘机会的捆绑销售就能让销售变得更简单，而且让这块有利可图的饼变得更大。基于边缘机会的捆绑销售发现，顾客不会立刻看到定制化服务及解决方案带来的好处，所以应利用特定的顾客群细分方式来与顾客做连接。

边缘战略这项应用的目的，不仅是把能配合核心产品的属性全部聚集在一起，更是巧妙地专注于将边缘机会与核心产品相结合，以创造出有竞争力的差异化产品。若能完美执行基于边缘机会的捆绑销售，不但能刺激销量，还能强化整体的价值定位。基于边缘机会的捆绑销售所运用的要素不只是附加性的，还是协作性的。

美国电信业的经验

第五章介绍过美国电信业的故事，说明了像来电显示这种产品外部边缘机会是如何通过有效的升级销售来提高利润的。而电信业者的下一步行动，佐证边缘战略进一步发展的需要和路径，也就是如何在产品面临同质化的趋势时还能保持利润率。

大约在贝尔于 1876 年拿到第一个电话专利的 100 年后，电信业主要是按通话时长计费。后来逐渐发展出不同的费率，如市话、长途与国际电话费。然而，在 20 世纪后半期，随着科技日新月异，大多数的边缘机会产品都能附加在几乎相同的基本电话装置上。

来电显示肯定不是唯一一项被引进的增补型附加产品，电信业者还引进了其他增值服务，例如语音信箱、来电等待等。这些都不是核心产品的基本服务项目，也不算彻底的新业务。对认为这些功能有价值的顾客来说，它们是能够强化核心产品的选择性附加产品。

之前曾讨论过，每一项基于边缘机会的增值选项，都强势地利用到电信业者的基本资产，只需要再做一点额外的投资来呈现与核心产品相匹配的可选功能即可。首先，这些强化功能的目的是创造最高的毛利润率（因为核心产品已经花费了很多成本）；其次，匹配的过程能刺激顾客将产品视为一种差异化的解决方案，让服务质量与价格不再是影响顾客决策的唯一条件。

增值服务让顾客能自行打造可以更进一步帮助他们完成任务的产品，并且用他们想要的方式进行沟通。另外，在这些新服务中，有些拥有促进顾客持续使用的学习曲线，同样能削弱产品同质化的影响。比如顾客花时间开通语音信箱，学习如何进入信箱、如何听取及删除留言等，都能有效建立壁垒，避免顾客转投竞争者的服务系统。

接下来发生的事可以说在情理之中。20 世纪 90 年代，电信业者对于增值服务高利润的特色越来越感兴趣，进而开始增加选购项目。不久之后，电信业者提供的过多的选择淹没了顾客，导致这些新项目的利润反而减少。创造太多选购项目只会让顾客无法做出正确的判断，更糟糕的是，如果同业竞争者相互模仿，那么这些附加产品就会变成像原来的核心产品一样，让顾客仅凭价格来决定是否消费。

这一局面的解决方案是重新捆绑商品，使之成为更好消化的方案。90 年代末期，电信业者开始针对个别顾客打造相关的产品内容，例如，有些捆绑服务针对周末及平日晚上，或网内互打电话以优惠费率计价。电信业者提供多种通话费率捆绑方案，通常是和相关的边缘机会服务结合，如来电等待这种增值选项，或是用稍微不同的功能来满足不同顾客的特定需求与通话模式，例如，通过降低晚上及周末的长途通话费率，捆绑无限市话通话及查号服务满足一家人的需求。随着市话及长途通话服务逐渐同质化，而且电信业者都开始提供无限通话方案，像来电等待与来电显示这种受欢迎的捆绑服务就成了销售重点。

根据需求提供新的产品组合

基于边缘机会的捆绑销售通常能比原始核心产品更成功。与其让顾客按自身需求选择两样增值服务，不如让他们购买等价的多种增值服务，其中包括单独呈现时顾客一定不会选择的项目。

基于边缘机会的捆绑销售能更加凸显产品，例如在电信业的增值服务中，当顾客找到一项专门为他们设计的解决方案时往往特别高兴。将边缘机会服务与核心产品捆绑销售，使得公司能用更多定制的营销手法来销售商品，而这些营销手法又放大了基于边缘机会的定制化服务及解决方案最有价值的特点。

电信业在随后数年一直处于激烈竞争的状态，每个月顾客流失都居高不下，因为主要的竞争厂商持续推出促销方案、买断有价值顾客的合约，以追求一时的股价上涨。不过有两件事是确定的：首先，电信业在过去 20 年一直能不断产生 50％～60％的利润；其次，在面临强大的产品同质化浪潮的威胁之下，边缘战略对于维持这一利润水平来说相当重要。

要注意的是，捆绑销售一直是而且永远会是重要的核心营销策略。就像第五章提到的，捆绑销售并不是销售边缘机会产品的最佳办法，但优于让顾客自行选择。此外，当被营销的边缘机会产品数量多到让顾客感到困扰时，就破坏了基于边缘机会的定制化服务及解决方案建立起的优良基础，此时，基于边缘机会的捆绑销售就可以扮演排除杂音、重新建立顾客关系的重要角色。

也许基于边缘机会的捆绑销售最重要的概念是，让我们完整策划一系列的产品内容。利用本章介绍的这三种方法，企业只须稍微修改一下自己的边界，就能解构并重建产品。这意味着企业可以：

1. 用更低廉的费用与更快的速度创新改革。

2. 从单纯的产品销售扩大为更全面的解决方案销售。

3. 用针对细分顾客群的方式，制定或重新定位不同的解决方案。

将对的产品在对的时间呈现给顾客

合并使用上述三种方法，将能发挥最大功效。这就是相当常见的模式：企业引进、接纳然后积极营销附加产品。例如，基于边缘机会的捆绑销售能强化原有的边缘战略的力量，让基于边缘机会的定制化服务所提供的选择该如何与核心产品相匹配更容易理解，也可以提高聚焦于解决方案的营销策略的辨识度。

基于边缘机会的营销是一种让边缘机会产品尽可能完全达到顾客需求的系统，其关注"将对的商品在对的时间呈现在对的顾客面前"，进而发展为一项有内聚力的营销战略。

边缘战略通常是从分析产品基本内容开始，有时候包含分拆核心元素。在前面的章节中提到过，这属于产品内部边缘战略的范畴。分拆措施可以在竞争者中创造出公平的竞争环境，处理成本增加造成的利润压缩问题，或是简单地通过不同顾客群所需的灵活性，打造更好的产品组合。

接下来就是要谨慎考虑升级销售。企业可以逐渐引进各种周边产品，以及互补性的产品与服务，直到每位顾客都能自行选择满足其独特需求的附加产品为止。升级销售是基于产品外部边缘机会的理想概念，从基本资产中获得额外好处，然后提供围绕核心产品的互补品。升级销售也包含提供先前从核心产品中简化掉的内部边缘要素，让需要的顾客可以再把它们加回核心产品中。

下一步，就是要把与顾客之间的沟通，从产品选购提升到旅程任务选购。为了把顾客的心态从已经界定好的期望设定扩展到更宽广的任务空间，企业必须重新架构核心产品，从目前和顾客旅程的重叠之处，往前多推进一到两个步骤。相关基本资产已经具备，通过接近顾客旅程边缘，企业只要付出一些额外的努力，就能从产品迈向解决方案。

最后，当边缘产品数量激增时，企业应该重新思考基于边缘机会的捆绑销售。此时，将核心产品与边缘产品重新组合，有时可以更有效地呈现前面三个步骤所创造出的价值。要完成这点，一定要非常细致地做好顾客细分，然后将产品内容校正到能满足单独顾客群需求的程度。如此一来，核心产品就能够从边缘产品的力量中获利。这一过程能够用基于边缘机会的营销模型来呈现（见图 7-1）。该模型描绘了组成基于边缘机会的营销战略的三种方法，以及内部、外部和旅程边缘战略在这个对抗产品同质化系统里所扮演的角色。

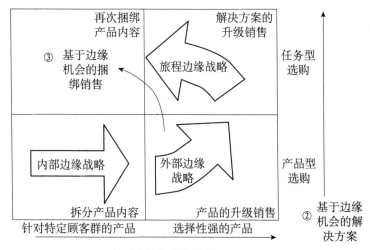

图 7-1 基于边缘机会的营销模型

如果你追求踏入邻近的空间（无论是提供新产品给现有顾客，或是将现有产品提供给新顾客），就意味着你正在离开核心产品，并将承担相当大的风险。如果这是一个在有效市场（efficient market）中的明智决定，那么离开所得到的报酬应该和付出的风险成本成一定比例。不过，前提是要有足够明智的决定来达到平衡，但问题就在于，许多决定通常不够明智，或市场并不是充分有效的市场，又或者企业的执行官可能没有足够的机会来摆平一切。

相反，边缘机会的经济力量恰恰在于其不对称性。成长的空间远远超过不利的因素。这里并没有什么诀窍，也没有免费的午餐，但部分午餐早已准备好，只是常常被放在桌子边缘不起眼的角落而已。

实践者笔记

● 引入有限度的运营复杂性（通过附加产品），是在核心产品的绝对效率和高度定制产品内容之间折中的好办法。

● 企业可以将边缘战略应用于熟悉的营销工具上，例如定制化服务、解决方案销售，以及在某些情况下使用的捆绑销售，如此一来，就拥有更容易、更便宜且更高效的方法来对抗产品同质化。

● 基于边缘机会的定制化服务让企业无须改变生产核心产品的过程，就能实现重新配置产品。当顾客参与了最终配置的选择，就会被视为既定承担成本的对象。产品边缘在这种情况下特别有价值，因为能提供一些最佳选项，让顾客一起协助创造出最合适的产品模式。

● 基于边缘机会的解决方案具有吸引力，因为这一方法正嵌在顾客的旅程之中。这种解决方案营销的艺术是将单纯的产品销售，转换为进一步讨论如何帮助顾客完成任务。在这种情况下，边缘机会创造了强大的附加产品，因为边缘机会利用了基本资产，且能用更自然、更可靠的方式来架构解决方案。

● 当边缘选项大量出现时，顾客就会很难做出决定，销售的难度也随之增加。这时，基于边缘机会的捆绑销售就会派上用场。其本质就是要将核心产品周围的多种边缘产品包装在一起，让不同客户群更容易看见其价值。

● 总而言之，边缘营销是一个整体性的架构，能协调运用上述三种方法。边缘机会产品在顾客眼里往往是次优产品（必要性在核心产品之后），因此，企业的责任是在对的时间把对的产品呈现在对的顾客面前，才能排除所有杂音。能做到如此，就可以真正远离产品同质化的威胁，回到有利可图的空间。

第八章

利用大数据资产创造新价值

我们之所以要写这本书，原因之一是边缘思维并非全新的概念。边缘成功的案例不论在何时或何种产业都存在。我们今日为边缘战略发现的重要机会，在未来会变得更加重要，而这个机会就存在于数据之中。

就像第四章提到的联合健康集团的例子一样，有许多例子说明，一些企业已发现在核心产品市场的外部利用现有数据赚钱的方法。信用卡发行公司万事达、维萨，以及美国运通早就发觉它们在核心产品中收集的交易信息的累积价值，并利用这份价值向顾客提供相关信息及咨询服务。国际媒体与营销方案公司甘尼特（Gannett Company）也是这么做的，它们经营人力银行网站（careerbuilder.com），并汇总从上面收集来的个人信息，为雇主提供解决方案。这些附加服务包括提供劳动力市场中的地理信息、人口统计学信息以及经济报告。

这些是公司将资产边缘战略运用于数据领域的例子。它们发觉所拥有的数据是一项不仅对自己的核心产品有利的资产，如果一家企业的数据对其他企业有用处，就可以针对这些数据运用边缘战略来获利。只需要少量额外的投资与承担少许风险，这些公司就可以利用收集到的信息来创造新收益。事实上，利用数据作为支撑边缘机会的资产，可能是最值得做的事。发现这样的获利机会，仅是数据可以用来支持边缘战略的越来越多的方法之一罢了。

大数据究竟有多大?

你知道一个 Zb（Zettabyte）有多大吗？它是 10 的 21 次方字节。也许有人会怀疑，为什么我们需要这样一个词，因为这就是当今描述数据世界必须用到的测量单位。在我们写这本书的同时，信息科技解决方案公司易安信（EMC Corporation）估计，目前数字世界的大小大约在 4.4 Zb 左右，从现在到 2020 年，这个数字预计会增长 10 倍至 44 Zb。大数据果然名副其实。

更有趣的是，如今的数据只有 5％ 真正被拿来分析研究，而且只有 20％ 能通过云端取得或"链接"。易安信公司预测，到 2020 年，将有 35％ 的数据用于分析，而 40％ 的数据将能通过链接取得。如果说数据总量会增长 10 倍，那么有用及可取得的数据数量将增加 100 倍（见图 8-1）。能促进创造更多有用数据的关键，就是附加信息或链接信息的能力。

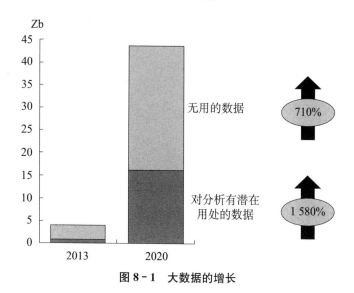

图 8-1　大数据的增长

资料来源：Vernon Turner，David Reinsel，John F. Gantz，Stephen Minton. "The Digital Universe of Opportunities：Rich Data and the Increasing Value of the Internet of Things". IDC and EMC Corporation，April 2014.

这有可能是拜所谓的嵌入式系统日益增加的贡献所赐。现今物联网在嵌入式系统里完全打响了名号，例如消费者的健身辅助与睡眠监测工具都能产生数据记录，不只是记下像是温度或动作等经过测量的结果，还有时间、地点以及内容，这让数据变得更有用。像这样的应用程序在商业环境下已十分常见：现今的医疗器械、工业化设备、采矿工具及公用事业，甚至是垃圾桶，全部都能创造并上传有用的数据。

发现大数据的边缘机会

大数据"聪明"且易取得的优势，对任何企业来说都是个大好机会。大幅改善特定业务及其市场表现的可视性，能够让企业提供更好的核心产品。工厂将变得更自动化，而且和市场更加同步；供应链会实时对需求做出反应，最后产生实际动作。

遗憾的是，大数据对许多企业而言也是一大挑战，如果企业想维持竞争力，就要为了能产生、获得、存储及分析更多数据进行投资。物联网便经常被视为破坏性的新竞争动力，能让数据中的赢家和输家高下立见。

数据的扩张及运用能力，都直接增加了运用资产边缘战略的机会。如果企业增加了数据的数量与用途，就会通过数据发现越来越多潜在的机会，以及同样能在数据中找到价值的其他企业，这些企业甚至来自完全不同的产业或市场。

仔细想一下，你的公司在五年后会如何产生数据？这会为公司带来什么样的资产边缘机会？公司现有的数据源未来会如何随着时间扩增？通过附加投资与链接到互联网，公司的投资会如何让这份数据变得更有作用？如同第四章详细说明找出资产边缘战略的方法一样，要辨识出能驱动数据的边缘机会，就得先提出下列问题：

- 公司里不同的数据来源有哪些？

——你能全部列出来并加以说明吗？

- 数据的质量如何？

——是结构良好的吗？

——是时间序列的吗？

——是专为顾客设计的吗？

- 这份数据如何对其他人提供帮助？

——是提供给你现有的顾客还是供货商？

——这份数据还对谁有影响？

——这份数据除公司本身以外，是否与任何产业有关？

- 除了公司的竞争者之外，还有谁会买这份数据？

- 购买这份数据的人能从中得到什么价值？

要回答这些问题并不容易，得经过协调工作才能解开这些疑惑。最有效的方法往往是与公司内外部、跨部门的利害关系人一起召集一个（或数个）工作会议，其中包括在业务周围的人，如供货商和顾客，或是可能影响业务的人，如技术专家、学者以及相近产业的领导人。召开会议讨论此类问题，同时挑战传统的智慧，对于为潜在的资产边缘机会找到一条康庄大道而言是极为有效的。

基于我们的研究以及委托工作，我们做了一些有关为数据边缘战略拓展机会的观察，以帮助企业了解应该关注哪些问题：

1. 数据具有多重用途。

2. 数据流畅度或分析数据的能力一直在提高。

3. 数据是一项产品。

4. 顾客懂得数据的价值。

5. 数据能轻易为他人使用（并收费）。

6. 数据对企业外部的用户来说特别有价值。

数据具有多重用途

第一个观察重点是，数据并非只有单一用途。大数据不是只让产生数据的企业受益而已，如果让数据变得更加智慧，而且在内部更容易使用，也会对其他人更有用。数据扩张的连通性，可以直接用于开发新的边缘机会。

这种类型的投资也可以扩大使用者的范围，对其他使用者而言，数据是很有价值的。在资产边缘机会的概念里，这个结论极其重要。一旦数据变得更加智慧且更容易取得，为数据找到资产边缘机会的概率很可能大增。

我们在针对全球 600 多家大型企业的分析中，发现了许多跨产业销售数据的例子。其中一家善用这一概念的公司便是丰田汽车。

丰田汽车在 2013 年针对行政及商务型顾客推出一项企业解决方案，让顾客可以实时了解交通信息与相关分析结果。这项服务利用了丰田汽车现有的数据资产：为了支持工厂安装的导航系统，丰田汽车从其装有全球卫星导航系统的车辆中收集关于汽车所在地、速度等实时信息。这一称为远程信息服务的数据是一项强大的资产，其价值不止支持车内的导航系统。

丰田汽车的慧眼在于，发现这项数据对其他顾客来说也极具价值，而且重要的是，这项允许他人使用数据的战略并不会影响现有的核心目标，即导航服务系统。丰田汽车的资产边缘机会是从远程信息服务中获取有关车辆位置、速度，以及其他参数的实时交通信息，来提供基于云端的信息服务，一个月的费用为将近 2 000 美元起。

丰田汽车的行政及商务型顾客，出于多种不同目的使用这项基于边缘机会的服务。很多顾客利用这份数据对交通流量加以研究及改善、提供地图信息和路线服务，或应对紧急状况。拥有大批运营车辆的顾客，能利用这项服务来定位其车辆，并确认车辆完成运送任务的进度。丰田汽车甚至还有一项以顾客为主的服务，即需要额外订购的 G-Book 智能手机应用程序，该程序能利用远程信息服务的信息向车主建议最有效率的路径，以避开塞车。

在你的公司数据中找到价值

第二项结论是，在这个被数据引领的新世界里，越来越多的企业已经准备好进行分析工作。就像先前说过的，如果数据管理和分析正快速成为在核心市场里竞争的基本条件，那么将会有更多企业能够在数据中，或更确切的说法是在"你的公司"的数据中找到价值，即你可以为公司提供的数据服务找到更多潜在顾客。其中，最有可能立刻感兴趣的一群人就是现有顾客。专门经营多样化食品及农业的嘉吉公司（Cargill）就察觉了这一契机。

嘉吉公司的核心业务是销售农作物种子及与农作物相关的产品给农民，然后买进收获的谷物及商品来销售，或者加工后销售给食品制造商。这家公司于 2014 年设计了一项新的数据产品来帮助农民提高农作物收成——NextField Data Rx 软件可以引导农民运用所谓的指示性规划技术，用最好的方法种植农作物。嘉吉公司在基本产品及服务之外单独销售这套软件，该软件可评估 250 种变量，包括土质、环境以及种子质量等。嘉吉公司认为这项技术能够让收成提高将近 10%。"我们试着帮助农民的投资收益与农场的收成最大化。"嘉吉公司农作物部经理史蒂夫·贝克拉夫说道。

这家公司研发 NextField Data Rx 来辅助销售种子及其他农产品。这套软件利用了公司在农业专业知识及市场关系上的强大基本资产。嘉吉公司在发展及营销核心产品（种子）时累积了庞大的数据库，详细记录了种子在各种土地及天气状况下的表现。另一方面，NextField Data Rx 能够分析农民的田地，进而得出更准确的预测，也就是先前无法得知但却非常重要的结果，例如农作物收成及农药效果。这就是研发 NextField Data Rx 软件的主要目的，嘉吉公司运用已经建立好的用来支持种子发展的数据库，对顾客的事业给予建议。

嘉吉研发这套软件后，再推入市场只需要付出一些额外的努力就好，但却可以由于经常性收入与供应成本最小化，产生极高的收益回报。这种做法体现了许多边缘战略的特点。首先，软件和产品边缘机会有一致性：嘉吉公司找到在核心产品种子的基础上提供增值服务的方法；其次，软件可以被视为资产边缘机会，因为嘉吉公司利用了现有的数据及知识资产来向农民提供服务。

该案例的重要结论就是，机会的关键因素在于嘉吉公司的顾客已经准备好并且愿意使用这份数据。

将数据转化为产品

当数据流畅度及有用性得到提升，就意味着有越来越多的企业与顾客开始有对数据的需求。物联网不仅正在影响消费者的世界，同时也影响几乎每一个产业，造就了大多数核心产品都能产生某种数据服务的商业环境。

制造挖掘机及其他重型机械的卡特彼勒公司就明白这一道理，它从几年前就开始向采矿业的顾客提供技术，协助顾客改善车辆的利用率、生产力、安全性；现在则使用 Cat® Connect 的商标在每个终端市场里销售这套技术。

卡特彼勒许多的运输工具如今都安装了传感器及其他数字装置，让公司可以利用产品边缘机会，为顾客提供选购性的数据服务，帮助顾客监控运输车辆的运转情况、何时需要维修等。大部分车辆在工厂里已经预装此项技术，卡特彼勒的顾客只要每个月支付一笔额外的服务费，就能够通过订购 Cat® Connect 的服务来浏览数据。对于许多顾客来说，这是初期在机械资本投资里的一小部分，但对卡特彼勒而言，在经济上却影响重大。这个由数据带动的产品边缘机会为公司创造了极具价值且源源不断的收益，并稳固了与顾客的关系；再者，因为传感器都是在工厂安装，软件也是早就写好的，所以 Cat® Connect 的服务创造的销售利润比公司资本密集的核心设备还要高。

顾客懂得数据的价值

数据流畅度不是只能让 B2B 的公司获益而已，在 B2C 的市场中也能看到类似的情形。到了 2020 年，千禧一代（即 1982 年以后出生的人）会形成美国最大的消费者支出团体，千禧一代和 Z 世代将完全无法想象没有网络的世界是什么样子，他们成年的生活会沉浸在手机与社交媒体的世界中，他们是真正的科技世代。

手机的发展更是让顾客已经准备好，而且愿意和各种各样的数据打交道。有些需要直接面对消费者的企业表示，通过科技来和这个世代的人沟通，几乎已经成为每一项业务的重点。

需要直接面对消费者的公司，有机会锁定由数据形成的产品边缘机会。当公司全力投资技术，以便能与顾客通过手机应用程序、网站、社交媒体及其他现场技术，如信息服务站与触控屏幕等做数字链接时，请仔细思考一下，该如何把数据服务附加到公司的核心产品之中。运用数据强化核心产品的方法肯定有很多种。

就像第五章介绍的有效升级销售一样，在将新功能编入核心产品之前，请先思考一下，要如何将附加产品当作选购项目推出，并且收取额外的费用。如果这看起来很具挑战性，可以问问自己是否能先免费提供这项服务（如基本的信息发送服务），再推出高级收费服务。

以领英公司为例，这家在2003年5月成立的业务导向型社交媒体服务公司，在本书撰写时，宣布自己在全球200多个国家中已有超过3.64亿名会员。注册为领英网站会员是免费的，就像大多数社交媒体工具一样，普通会员可以建立个人档案，进而与全球专业人才建立联系。在维持与朋友间的联系或建立商业信息往来方面，领英真的是一项不可多得的现代化工具，千禧一代甚至不再需要传统的名片夹。

领英公司直到2011年才正式在纳斯达克证券交易所上市，现在已实现了超过20亿美元的营业收入，总市值达290亿美元。为其创造营收的主体业务，即核心产品便是为企业客户提供人才搜寻与市场营销服务，不过其营收中有20%来自会员本身。领英公司察觉，有部分顾客想要得到更多信息，而且也愿意花钱购买。因此，高级会员每个月只要花 29.99 美元，就能看到过去三个月中浏览过他们档案的全部会员名单、在站内发三条信息给任何他们在领英网站上想联络的人、浏览非朋友圈会员的全部档案数据，以及进行高级搜索。这项高级会员的服务利用特殊附加选购项目锁定特定用户：寻觅理想工作、经营人脉、专业销售导航以及寻找优质人才服务等。

这项由会员产生的营业收入，是由数据带动的基于边缘机会的升级销售的绝佳范例。虽说高级用户为领英公司创造了20％的营收，但根据估计，加购附加服务的高级会员只占领英公司会员总数的极小部分。为了赚取这部分营收，领英公司利用了现有的数据资产，所有信息及增强的功能早就存在于网络之中。升级的产品是针对现有顾客中较特定的一群，在基本服务上附加核心产品边缘上的选择性方案。最后，附加选购方案将产生额外递增的营业收入，这是边缘战略中很重要的一点。

出租数据也能获利

并非所有公司都迫不及待要拥抱数据流畅度与分析能力的新标准。对于某些人，甚至可能是大部分的人来说，大数据让他们望而却步。或者我们经常可以看见，当管理团队有远见及野心想要运用大数据时，公司往往会很失望地意识到，现有的设备及系统是完成大数据梦想的主要障碍，有些公司甚至直接承认公司内部没有专业人才来抓住这一机会。

当公司面临这些挑战时，从另一个角度来看，边缘思维能为价值发挥提供机会。也许一家公司无法完全体会自有数据的价值所在，但是在评估谁愿意付费使用的可能性之后，公司很可能会找到一些新方法，让不是数据专家的用户也能抓住这份价值。也就是说，资产边缘机会能让公司使用创新的方法，从有价值的资产（数据）中获利。

因此，我们对于后大数据世界的看法不再是绝对的二分法，即和本章一开始提到的稍有不同。不同于"拥有数据管理及分析能力的人就是赢家，没有的人就是输家"的观点，我们替"出租"数据的公司想出了另一条成功的路径。"出租"数据的公司会发现，数据的力量不只是局限在公司要如何将其使用在自己的核心产品上，甚至还可以通过让其他人使用这份力量来获益，而且得到的价值可能比想象的还多。事实上，针对数据运用资产边缘战略对大部分企业来说，可能才是更适合（和有潜在价值的）运用数据资产的方法。

第四章介绍的联合健康集团的例子就体现了这一点。联合健康集团为了让自己的核心产品（健康保险）能获利更高，长久以来收集了大量有关保户健康状况的资料。该数据库对公司的保险业务来说十分重要，因为如果没有长期追踪保户的健康状况，公司几乎不可能在核心的健康保险业务上获利。

尽管如此，联合健康集团绝对不是临床研究专家，为了在临床领域运用这类时间序列数据，必须建立起一些深厚的、非保险的专业知识，例如生物统计学、化学、生物学、药物研发及审查批准等。联合健康集团并没有花钱投资这些复杂（且昂贵）的专业领域，而是决定将匿名的保户数据"出租"给在上述领域拥有高度专业知识的制药或生物科技公司。

从该案例可以清楚地看出，大数据在精密分析之后所产生的，并非绝对的赢家或输家。联合健康集团无须成为临床分析专家，也能够通过"出租"数据获利；再者，它们的顾客也能从"被出租"的数据中获取巨大价值。

数据的价值可能超出想象

你的公司里拥有的数据往往对其他公司来说更有价值。许多公司聚焦于从数据中为核心业务找到突破性的洞见，这种价值往往是聚沙成塔累积而成。

然而，当你让其他产业的局外人使用你的数据时，就很有可能增加数据的价值。你的数据对没有机会接触到你的顾客的企业来说，正是所缺少的重要环节，因为这些顾客只有你看得见，也只有在你的运营模式下才得以维持。甚至有些看起来对你的企业毫无价值的数据，也可能是指引其他公司的明灯。比如对丰田汽车来说，即使是如开车到杂货店的路程这么简单的信息，只要将许多类似的信息汇集在一起，就能向政府机关提供极为丰富的数据库，帮助政府改善行车安全、缓解交通堵塞。

边缘机会中不对称的地方特别值得强调。边缘战略吸引人的地方就在于能实时获取机会，对核心业务来说收益的价值是渐增的。幸运的是，数据并非如此，这正是在寻找边缘机会时，数据往往被优先考虑的原因。

实践者笔记

● 数据是能够创造出边缘机会的有价值的企业资产，部分原因是数据并不受限制，所以让其他人使用也不会减少其价值。

● 数据是产品边缘机会中最容易运用的工具之一，事实上，任何产品或服务都能够被相关数据信息强化并改善。数据的内容可能和产品功效有关，或者说明顾客是如何充分使用该产品或服务的。

● 应该增加使用数据的企业边缘及产品边缘战略的原因在于：

——创建中的数据量正在大幅扩张。

——有用的数据比例也在持续增加。

——企业渐渐能看得懂数据，而且越来越依赖数据。

——消费者及产品也越来越离不开技术。

● 精通数据分析并非运用数据的边缘战略的必要条件。只要能利用边缘思维找到"出租"数据的方法，就可能掌握其部分价值，即使自己并不那么擅长分析数据。

● 数据的价值既不是只针对少数特定人士，亦不符合比例原则。换句话说，使用公司数据的潜在顾客人数并没有限制，除此之外，对用户来说，数据所能带来的价值也是无限的。

● 建议企业在靠近边缘机会的过程中，把寻找数据当作首要目标之一。要注意你的顾客，也许他们会知道你的核心产品的价值所在；但同时也要看远一点，许多（数据在其中扮演重要角色的）资产边缘战略的关键，是思考在现有顾客群之外，还有谁能够在自己的数据中发现这份价值。

● 一家企业的数据往往在企业之外存有不成比例的价值。对于大部分企业来说，分析内部数据只会产生些微新见解，但若企业能运用边缘思维，进而发现数据新的外部功用，价值就会大幅提升，不只是在见解方面，在财务报酬方面亦然。

第九章

运用边缘战略评估企业并购的价值

　　帝国化学工业有限公司（Imperial Chemical Industries，ICI PLC）在 1926 年由四家公司合并而成，在很长一段时间内一直是英国最大的制造商。帝国化学工业有限公司曾和同行杜邦公司在全球一系列工业化学品、聚合物、肥料、炸药以及油漆的制造上相互竞争。帝国化学工业有限公司在公司 75 年的历史中，取得了超过 33 000 项发明的专利权，其中包括聚酯纤维及亚克力产品。

1997 年夏天，总市值达 94 亿美元的帝国化学工业有限公司在执行官查尔斯·米勒·史密斯（联合利华前董事）的领导之下，耗资 80 亿美元从联合利华手中收购了一系列专业化学品业务。这项大胆的举动是为了将企业重新定位并转型，从原本周期性的量产转型为高利润率、高增长的业务。帝国化学工业有限公司举债 85 亿美元投资这项计划，许多观察家都认为此举投入了过多的资金。为了完成转型，帝国化学工业有限公司在接下来三年费尽心思出售所有量产产品的业务，最终成功地将所有业务脱手，只不过是折价出售。

然而天不遂人愿，这一战略最后的结果并不如预期。2003 年，帝国化学工业有限公司的总市值只剩下不到 20 亿美元；到 2006 年，为了偿还剩余的债务，公司还被迫出售绝大多数从联合利华购入的专业化学品业务。到最后，连硕果仅存的油漆事业部也在 2008 年被荷兰公司阿克苏·诺贝尔买下。帝国化学工业有限公司从此一蹶不振。

六成的企业并购无法创造价值

企业并购在当下十分普遍，相关数据显示，每年全球有高达 4 万笔并购交易发生（见图 9 - 1）。这些交易的总值在不同

年度中，从 2 万亿～4 万亿美元不等。或许你已经在某种程度
上亲身体验过并购战略了：你也许曾在被收购的公司工作过，
或者正在为公司进行事业版图扩张，甚至已经亲自协调处理过
几笔交易。成功完成并购交易并不容易，其中的道理不足
为奇。

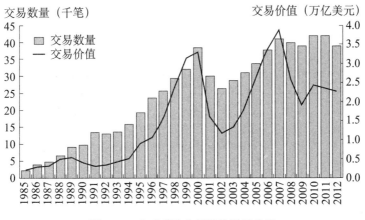

图 9 - 1　全球并购交易的数量及价值

事实上，这类交易十分困难，大多数都会失败。L. E. K. 咨
询经常评估并购交易的市场表现，并且对外发布评估结果。根
据每隔一段时间观察的结果显示，60％～80％的交易都无法创
造股东价值，甚至许多交易还摧毁了其原有价值。分析指出，
在涵盖两次经济循环的 1993—2010 年间，有超过 2 500 笔交易
的平均股东总回报率在交易两年后减少了 10％，而在这些交易
中，有 60％确实破坏了其原有价值（见图 9 - 2）。

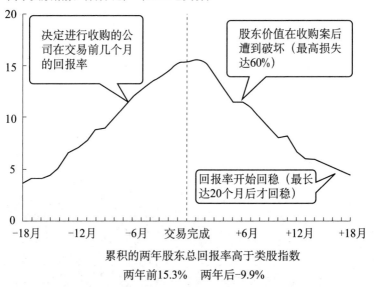

高于类股指数（百分比）（2 527笔交易）

决定进行收购的公司在交易前几个月的回报率

股东价值在收购案后遭到破坏（最高损失达60%）

回报率开始回稳（最长达20个月后才回稳）

-18月　　-12月　　-6月　　交易完成　　+6月　　+12月　　+18月

累积的两年股东总回报率高于类股指数
两年前15.3%　　两年后-9.9%

图 9 - 2　企业并购表现：收购方累计股东回报率

说明：所有并购案的交易价值皆大于 5 000 万美元，为百分百的管制内交易，而且是在 1993—2010 年间完成的公开收购。美国是收购案双方主要的所在地。收购者的股东总报率与标准普尔 500 指数及综合指数相比较，以标准化相关市场效果。不包括不动产信托投资。

资料来源：CAPIQ 数据；L. E. K. 咨询。

企业并购的误区

也许有人会问，为什么即使效果不明，公司仍然认为并购势在必行？

我们的经验显示，公司进行并购的理由五花八门，有好有坏，例如达到销售目标、增加每股营收、击败竞争对手、提高技术水平、分散风险、获取资产、获得战略性优势、维持独立运作，或者甚至只是虚荣心作祟。不过尽管如此，还是千万要记住并购只是战略里的一种工具，并不是战略本身。因此，"交易背后"的战略就变得很重要。

大部分的交易之所以失败，有两大原因：

- 买家支付过多资金；

- 交易后的整合执行不当。

一旦并购交易完成，交易后的处理是决定整合成败的关键：强大的领导力、有技巧的方法、广泛有组织的买入、专注于驱动价值的因素。要成功必须致力于整合团队、做出强大的规划、不厌其烦地传达讯息，以及制定良好的人才留任策略。

不过交易后的整合不是本书重点。本书聚焦于探讨交易前发生的事：买家该如何确保交易成功，以及如何避免付出过多资金。

如何评估并购的价值

该如何计算一家公司的价格？有三个因素可以帮助股东决定公司价值的关键：

● 公司预期在短期至中长期内可以从运营中产生的自由现金流。

● 公司长期投资的期限（以及它们如何影响最终价值及剩余价值）。

● 存在于上述两者周围的风险或不确定性，以及相关的价格折让。

传统的投资策略都遵循这个原则：为所有资产找到价值最高的使用方式。如果公司的某项资产对其他人的重要性远远超过自己，就应当慎重考虑是否要出售这项资产。此时，就是协同效果（synergies）发酵的时候，协同效果是指并购交易所创造出来的价值，在让重复出现的成本合理化的过程中即会产生，如劳动成本、资产成本、销售与管理成本。协同效果亦可以在规模效应中产生，如采购能力提升，进而带来收入的协同效果。

一般而言，收入的协同效果是交易前最难评估的部分，因为它取决于交易背后使用的核心战略。当买家一心想要赌赌看并购是否能改善一两项业务的营收时，那么基本上赌的就是收入的协同效果。

运用边缘战略做出企业决策

如果完善的战略是确保并购成功的关键，而边缘思维能强有力地规划出这项战略，那么边缘战略在企业并购中会扮演什么角色？我们发现，边缘战略能对企业并购提供极大帮助，因为边缘战略可以把公司成功定位到自身的成长战略之中，换句话说，就是帮公司做出低风险、高获利、低投资，以及利用现有资产就能产生较高利润率的决定。

边缘机会的架构能让管理者专注于找出产品无法满足顾客需求的原因，促使管理者去了解顾客的旅程，以及思考如何让其他企业运用自己的资产。

接下来复习一下边缘机会的架构，并且讨论该如何在企业并购的决策中运用边缘战略。

产品边缘战略的应用

当公司正在开拓一项潜在交易时，首先会审视被收购的一方，清楚定义这家公司的核心产品。在这个过程中，仔细地分析研究每一项核心产品相当重要。

审视的过程能带领我们发现第一个重点：收入的协同效果一般发生在核心产品之间的互动中，而非企业之间的互动中。以饭店为例，也许有人会说饭店提供的核心产品是让旅客入住的房间，但是饭店也可能会为企业提供会议室和举办活动的服务，此时产品就截然不同，顾客群也大相径庭。

在每一项核心产品的边缘上，以及现有产品与顾客期望的组合之间，可以分析潜在的并购交易能如何带来增值效果。对于收购方该如何把额外的功能或服务附加到被收购方的产品及服务中，这需要非常精确的调查。

若察觉到其中存在产品边缘机会，将有助于建立评估收入协同效果的基础。收购方必须对被收购方做仔细检查，询问核心产品是什么，并了解核心产品究竟是服务哪些顾客的。如果能将收购方的产品及服务有意义地附加到被收购方的产品里，就有了找到另一个合作机会的基础。

举例来说，当一家连锁饭店业者想收购一家美容机构，就像 2004 年喜达屋从路易·威登集团手中收购了必列斯（Bliss；专营 spa、美容保养产品的品牌）一样。这种基于产品边缘机会的收购可以产生许多协同效果，因为饭店可以在 spa 中推销乳液，也可以在酒店大堂里的精品店进行销售。此外，这样的美容服务也可以作为客房附加项目，成为饭店核心服务的一环，而且还能够有机会接触潜在的新顾客群。"这是个完美的结合……作为还在萌芽阶段的美容品牌，这明显是个为我们设计的舞台，让我们的产品能够成功打入目标顾客市场。"必列斯的创始人马西娅·基尔戈说道。

无论哪一种产品边缘战略，分析时都必须考虑各种顾客群，以及各式各样的核心产品该如何满足各种顾客群的需求。并不是所有顾客都知道每一个附加项目的价值所在，如果无法适当辨识各种顾客群的需求，便意味着正在失去一个大好机会。此外，若对每一种顾客群的需求缺乏足够的考虑，也可能高估协同效果，因为无法辨识出哪些顾客不需要这份价值。

这个将核心产品与顾客期望设定相匹配的方法与过程，就是在找寻潜在的边缘机会的不对称价值。重要的是，如果分析后无法从中找到任何产品边缘机会的话，请务必敲响心里的警钟：此项潜在的并购交易并不存在收入的协同效果。

在寻找可能的目标时，产品边缘是第一个要观察的地方，因为许多交易是建立在公司有办法接近新顾客的基础上。为了更有条理，在寻找产品边缘机会时可以自问："公司的产品或服务与被收购方的核心业务充分相关吗？"如果答案是否定的，那么新顾客不给你机会销售新服务的概率便大大提高，这也是并购交易中常常发生的。

比起激进地追求业绩成长，过滤出在产品边缘机会下自然的交叉销售机会，是寻找发挥协同效果的目标时降低潜在风险的好方法。

旅程边缘战略的应用

请仔细研究收购方与被收购方两者的顾客旅程。如同第三章所述，找出可以在顾客旅程中扩大参与度的机会非常重要。

- 与双方（收购方及被收购方）核心产品相关的各种顾客

群，其旅程是怎样的？

● 双方的产品能否在目标顾客群的旅程中参与得更多？

● 同理，如果这项分析无法找出有意义的交集，那么就很难找到重要的收入协同效果。

在筛选收购目标时，旅程边缘的架构也能派上用场。公司究竟从事什么活动？在顾客旅程中公司会碰到哪些其他产品和服务？如果收购目标能展示自己参与的能力，或者已在提供这些服务，那么创造收入协同效果的可能性就更大了。

资产边缘战略的应用

如同第四章讨论过的，资产边缘战略可能是最复杂的战略，但往往也是最有价值的部分，在并购交易的概念里也是如此。资产边缘战略是利用公司现有的基本资产，在评估并购交易时，也有类似的方法可以用来辨识资产边缘机会下的协同效果。

● 公司生产任何形式的副产品吗？

● 公司可以从哪里获得多余的生产力？

● 有任何机会可以"出租"不受限制的资产吗？

任何能够从资产边缘机会中受益的目标，不仅有机会创造收入上的协同效果，还有成本上的协同效果。将一家公司的基本资产以产品或旅程边缘机会的形式，附加到其他公司的产品中也不无可能，特别是像知识与数据这种无形资产更为适合

(如第八章所述)。

边缘机会下的收购分析摘要

在现有资产的背景下进行的收购，并非只能借助于边缘战略。边缘机会只是额外提供一套更有条理的方法，来验证公司资产是否真的对其他公司有用。如果分析结果表明不具有明显的资产边缘机会（例如其他公司可以轻松使用自己的基本资产），那么发挥协同效果的机会可能非常渺茫（见表9-1）。

表9-1　　　　　边缘战略如何在企业并购中派上用场

	产品边缘机会分析	旅程边缘机会分析	资产边缘机会分析
哪里可以找到好的收购目标？	✓	✓	
如何考虑可能的收购目标的优先级？	✓	✓	✓
在哪里能找到收入的协同效果？	✓	✓	✓
公司有交叉销售的能力吗？	✓	✓	
能找到成本的协同效果吗？			✓
实现协同效果有多难？	✓	✓	✓

对任何并购交易来说，运用边缘战略都是有效的吗？答案是肯定的。就像先前说的，边缘战略的架构提供了评估的角度与原则，可以让成功的概率大增。如果不符合这些条件，交易还有可能成功吗？当然有可能。不过万一你发现自己处在这种情况下（没有任何边缘机会的收购），我们会建议你先思考一下

潜在交易是否足够明智与适当。

现在，我们要将这个方法运用到本章一开始提到的帝国化学工业有限公司的例子上。帝国化学工业有限公司对于联合利华的收购涉及几种不同的商业形态，尤其是向消费性商品制造商提供产品（如淀粉类食品及香料等）的业务。回想一下，帝国化学工业有限公司的核心产品是化学产品（如塑料、橡胶、散装化学品），其顾客是工业及制造业厂商，很显然都不会对食品添加物有需求；同样，购买联合利华的产品且发展迅速的消费性商品制造商亦不会对帝国化学工业有限公司的核心化学产品有太大需求。因此，这场交易中的产品边缘机会似乎无法令人信服。遗憾的是，从顾客旅程的视角来思考也会得出类似结论：不会创造出任何边缘机会。

从资产边缘战略的角度来看，理论上某些专业知识与技术应该可以运用在彼此的业务之中，只不过对于这些以技术为主的公司来说，所具备的专业知识往往有很大的局限性，而在该案例中，这些专业知识无法在公司间互相转换。

事实上，这场交易并不如帝国化学工业有限公司所预测的，并非边缘战略的一种，也不具备前面提及的任何一项机会。这场并购的目的只是要扩大业务，但如果帝国化学工业有限公司的战略执行得不够快的话，就不会产生任何基本的交易协同效果。

宝洁收购吉列的成功案例

2005 年 10 月，宝洁公司完成收购吉列公司的计划，通过宝洁公司的股价便可以知道这场交易大获成功（见图 9 - 3）。

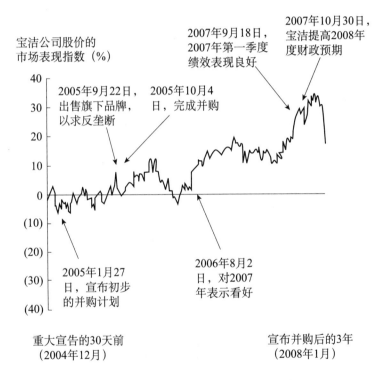

图 9 - 3 宝洁公司与吉列公司的并购案

说明：股价指数为截至 2004 年 12 月 27 日的收盘价。

资料来源：新闻媒体报道、路透社、谷歌财经、分析师报告、L.E.K. 咨询。

促成这场并购案成功的背后因素是什么？绝对不是收购方有能力商议了一个极不寻常的收购价。在完成交易时，宝洁公司支付给吉列的是高于市价 20% 的标准价格。答案是，宝洁公司是在长期预估成本与收入的协同效果之下决定做出这项收购计划的。

投资界一开始就是一边倒地看好这场并购案，当时吉列最大的股东沃伦·巴菲特形容这是一场"创造出世界上最大消费性商品制造公司的梦幻交易"。宝洁告诉世人，这笔交易创造了"未来的上升潜能，促进年收入成长达到两位数的目标"。华尔街分析师也同意这个说法。"（这是）非常漂亮的战略行动。"奥本海默控股公司的琳达·博尔顿·韦泽如此写道。

造就一派乐观的原因是，宝洁公司与吉列公司的管理者很明显都带着以产品及旅程边缘战略为核心的观念，而且都能为彼此的顾客提供价值。当然，这两家公司都属于个人护理产业，不过，宝洁的核心产品是主要针对女性顾客的清洁用品和乳液，而吉列公司则是生产以男性为目标顾客的剃须刀。交易双方意识到，宝洁的专业知识及生产能力可以帮助吉列扩大市场上的产品线。剃须水、止汗产品、沐浴乳等以男性为目标顾客的产品，全都利用了宝洁的生产技术及专业知识。

双方都因此享受到了协同效果。吉列公司确实是剃须刀科技的先驱，同时，旗下的锋速系列产品也以空前的成功在市场上获得好评。其与宝洁的乳液产品结合，从而诞生了专为女性顾客设计的 Venus 系列美容器，并且因与宝洁旗下的护肤品牌玉兰油结合而在市场上大获全胜。

这两家公司的顾客群不尽相同，但通过互相研究对方的顾客旅程（男性的修饰与女性的个人美容护理），双方的管理者发现三个重点：首先，两家公司都无法独自帮助顾客完成整个旅程，顾客还需使用其他公司的产品来搭配，例如吉列的消费者会搭配使用其他品牌的须后乳。其次，两家公司的核心产品能在彼此的顾客旅程中扮演具有直接影响力的角色，帮助彼此的顾客完成整个旅程。在先前提过的例子中，宝洁是皮肤护理专家，而剃须产业则需要借助其技术变得更完善。最后，宝洁和吉列都发现，彼此品牌的互补能力可以帮助它们步调一致地在顾客旅程中前进一大步。

这个案例恰恰用上了三种边缘机会：收购者的企业资产被运用在被收购者的产品设计上，产品边缘机会则被运用在将（对方）额外的功能附加到（自己）现有的产品上，旅程边缘思维也被用在附加选项上，使公司能够更进一步地参与顾客旅程。

这不是并购带来协同效果的唯一地方，与产品边缘机会相关的进一步协同效果也是企业并购成功的关键。此外，除了合理化、强化供货商实力，去除重复功能也有助于实现成本协同效果，这项交易帮助双方达成了市场扩张的目标。

这场并购经过了时间的考验，而且实现了管理层的预期。四年后再次回顾这起并购案，罗莎贝丝·莫斯·坎特教授也指出，宝洁与吉列的并购案是她心目中最成功的案例之一，并表示："宝洁在第一年就实现了成本与营收的目标，而且优先考虑吉列的整合进程，即便在 2008—2009 年面临经济衰退，也继续将自己定位于追求全面成长。"

整合式收购的边缘思维

NAVEX Global 是位于美国俄勒冈州的一家软件公司，致力于企业管理、风险与软件研发，它提供了另一个说明如何将边缘思维有效运用在辨识收入协同效果中的例子。

NAVEX Global 在 2010—2012 年间进行了一系列的整合式收购，这些交易最终都创造了发挥收入协同效果的机会，成功地交叉销售新的产品及服务给各个子公司的原有顾客。NAVEX Global 本身是由四家独立的软件公司重组而成的，每家公司都有自己的产品，同时在各自顾客的旅程中皆有不同的角色。NAVEX Global 在 2012 年通过整合式收购成为一家市值上亿美元的企业，其间执行官马克·里德向市场明确展示了基于边缘机会的交叉销售策略的潜力。里德提到："整体来说，合并后的公司能提供无与伦比的经验、知识以及广泛和互补的技术与内容的解决方案，来帮助全球的顾客管理风险。"

NAVEX Global 在这些交易中获得成功的主要原因是，在依赖交叉销售发挥效益之前，先运用了与在产品及旅程边缘机会分析中相同的方法，得知自己将面对的是一群相同的顾客；同时，每一家被收购的公司产品都位于彼此的产品边缘之中，这也让升级销售的可能性大幅提升。当 NAVEX Global 收购 PolicyTech（一家致力于专业管理工具的公司）时，这种进一步的并购行动便拓展了 NAVEX Global 在顾客旅程中的角色。

金融市场也纷纷对 NAVEX Global 的边缘战略表现出了信心。2014 年有报道指出，这家公司以 5 亿美元的价格卖给了一家私募股权投资公司。

eBay 收购 Skype 的失败案例

本章一开始曾提到，要成功完成并购交易并非易事，实现协同效果更是难上加难。现在要分析的就是一个备受瞩目却无法发挥收入协同效果的失败案例，借此来了解边缘战略可以在哪里提供帮助。

身为电子商务市场龙头的 eBay，在 2005 年以 26 亿美元的价格收购了 Skype，并预期其将实现 14 亿美元的业绩表现。当时，Skype 以其领先同行的技术，开创了依托互联网的全球视频通话服务。

当 eBay 执行官梅格·惠特曼向投资人宣告这项收购计划时，她提道："将 Skype 与 eBay 及 Paypal（eBay 更早之前的收购对象）结合在一起，可以让我们为全世界的买家及卖家创造出一台前所未有的电子商务与通信的发动机……沟通交流正是社区及电子商务的核心，这也是将 Skype 和 eBay 称作天作之合的原因。"

eBay 进行这项收购的理由，正是从心底里认为 Skype 能够弥补其核心业务。eBay 的推论是，这场交易能够让 eBay 现有的顾客实时与彼此对话，让在线购物更容易、更快速。在收入协同效果的策略上，是借由低成本的视频通话服务与客户连接，以拓展公司在顾客旅程中的参与程度。

"我们在同一时间开创了许多新的业务线，并且创造出不少重要的获利新契机，Skype 能够加快在 eBay 上交易的速度，然后增加通过 Paypal 付款的次数，"惠特曼解释道："我们认为 Skype 是在线通信的领头羊。"

的确，Skype 及基于 IP 地址的语音、视频通话是在线通信的一大进步，但对于 eBay 来说，这和其在线拍卖业务并没有很大的关联。此外，这场交易最后变成一场灾难，其中致命的错误在于 eBay 没有适当评估顾客的期望设定，也没有审视顾客在其旅程中可能会选择的方法。eBay 没有意识到，视频聊天并非顾客的优先选择，他们不需要，或者不是那么想在 eBay 的交易中和对方视频通话。结果，eBay 2007 年在和 Skype 相关的业务上付出了 14 亿美元，并在 2009 年将大部分的所有权卖给个人投资者（见图 9 - 4）。

eBay的市场股价指数表现（%）

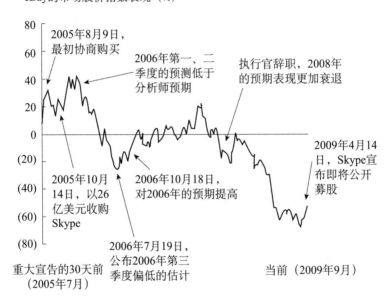

图 9 - 4　eBay 收购 Skype 的计划

说明：股价指数为截至 2005 年 7 月 5 日的收盘价。
资料来源：新闻媒体报道、路透社、谷歌财经、分析师报告、L. E. K. 咨询。

假使 eBay 能从边缘战略的观点，质疑自己以收入协同效果为基础来投资的论点，应该就能事先看到这些信号。如果 eBay 当初能正确评估自身核心业务的产品边缘机会，就能够分别探究其顾客群（即买家和卖家），然后清楚不同顾客群的期望设定是怎样的。深入研究顾客如何使用 eBay 的核心服务，应该能够发现，顾客是否真的对交易中的改变（视频通话）有需求？当然，如果卖家和买家齐声抱怨，缺乏有效的沟通导致交易的速度不够快，那么 eBay 的确需要这一功能。然而，对于许多顾客来说，并非如此。

如果 eBay 当初仔细研究了顾客旅程的话，应该也能够知道，使用视频聊天对交易的帮助实在微不足道。事实上，这项技术早已经存在；如果这个功能真的在顾客旅程中是有价值的一部分，那么应该早就有证据显示视频功能被大量使用才对，但是完全没有这方面的迹象。买家不会在交易中大量使用 Skype 来和卖家交流；在交易后当然更没理由这么做。

回到 Skype，如果经理人够勤快的话，就会发现这场交易里几乎没有协同效果。Skype 和 eBay 的顾客执行的是完全不同的任务：前者是和家人及朋友联络，后者则是在网络上买卖商品。其中很难发现这些顾客在使用 Skype 的通信服务时，会有什么急需被满足的需求，让他们想在家人及朋友间进行交易。

事实显示，这场交易中并没有足够的协同效果，因此 eBay 负担不了为收购 Skype 所额外支出的费用。eBay 购买了一项和其核心产品无关的通信资产，更糟的是，这项资产的定位并不存在于顾客的旅程之中，而边缘战略有条理的方法当初一定能帮助 eBay 意识到这一点。

用边缘思维看制药巨头的并购交易

边缘思维亦能解释医疗保健产业中某些巨头成功及失败的原因，相信这个产业的观察分析师一定对这些巨头的面孔变换很熟悉。20 世纪初，所有人对于大型制药公司无不赞誉有加。大型制药公司生产的药物可以为公司带来数十亿美元的营收，包括美国辉瑞、英国阿斯利康、荷兰葛兰素史克、美国百时美施贵宝、美国默克以及瑞士诺华等。那些所谓的"畅销药品"，即每年销售净额超过 10 亿美元的药品，几乎是所有战略中的焦点。单单是辉瑞制药公司在 2000 年就将 8 种畅销药品引入市场，包含：立普妥、氨氯地平、左洛复、加巴喷丁、西乐葆、希舒美、万艾可、氟康唑。

正是基于畅销品战略，这些公司开始把重心放在为了促销而收购上。当时，这些大型制药公司的高层关注的重点都在于："该如何用更多的畅销药品来填满渠道呢？"他们希望公司内部的研发团队能制造出一些广受欢迎的产品，但为了替投资人维持一定的营收增长，高层也明白，他们需要外部的协助来填补这个空隙，这也是后来产生并购交易的原因。当时的大型制药公司，如辉瑞及葛兰素史克，其全球营收在 2000 年都超过 200 亿美元，那些空隙有多么巨大可想而知。

结果就是产生了许多并购交易活动。制药公司的规模变得更大，但同时跟着变大的副作用是，制药公司在彼此身上拾取消费者健康业务、动物保健产品以及营养资产，作为畅销药品交易中的一部分。到了某个阶段，大型制药公司可能会发现，原本计划借由填补产品线空隙来支持核心业务的收购，最后也变成了核心业务，而且并不是一项可持续发展的业务。2012 年以来，制药产业开始缩减规模，许多公司将收购的非核心资产再卖回给原来的公司，因为这份资产更适合它们。

从边缘战略的角度看来，这些举动违反了游戏规则，并购交易将收购方带入拥有新顾客的新市场，但新顾客却和收购方已有的产品毫不相关。就像帝国化学工业有限公司的查尔斯·米勒·史密斯一样，这些交易将大制药厂带入不相关的业务中，使得企业完全无法利用其基本资产或顾客关系。为了追求制造出畅销药品，即使其中的多样化会为企业带来伤害也不顾，这种举动肯定不是基于边缘思维做出来的。

不过，也许有人会说：在获利成长的期望之下，这些大公司正是在小心填补巨大的空隙，难道仅是将焦点局限在边缘机会之下就足够了吗？为了在这种庞大的规模下持续成长，难道不该使用多元化的战略？难道只是缓慢地移动几步就够了吗？

吉利德公司和其他生物科技公司的案例说明事实恰好相反。

吉利德的成功经验

吉利德公司是由当时 29 岁的迈可尔·赖尔登博士于 1987 年创立的，其中门罗风险投资公司投资了 200 万美元。时至今日，吉利德有着 200 亿美元的营收，其市场资本也达到 1 480 亿美元。虽然吉利德现在被称为"生物科技大公司"，但和传统的大型制药公司不同的是，吉利德和其同行在其核心产品中使用生物科技，这一点让它们在制造药品的方式上有所不同。

吉利德与大型制药公司的区别不仅如此，在过去 20 年里，几乎所有像吉利德这样的生物科技公司都从初创时期就有了成长，而它们在成长过程中使用的方法非常不同，其中之一是具有边缘思维的方法。

像吉利德一样的生物科技公司，如百健艾迪、安进以及基因泰克等，经营方式都比大制药厂的同业更加内聚。它们专注于核心业务，即治疗领域及技术，并利用互补型而非多元化的收购计划来壮大自己的事业。尽管如此，有了数百亿美元的营收，这些生物科技公司足以开始在规模上和那些大型制药公司竞争。

吉利德最初以致力于传染性疾病的解决方案起家，到现在该领域仍是核心业务里的重点，吉利德在艾滋病的治疗中打造了相当成功的特许经营权。当这家公司决定要扩张规模时，仍然停留在传染性疾病的领域：2002 年 12 月，吉利德买下三角制药公司以打入乙型肝炎治疗市场。吉利德将治疗艾滋病的成功经验复制到治疗乙型肝炎上，这一点就是利用了公司的知识资产。吉利德在传染性疾病的专业知识中已建立起基本资产，而且可以借此资产来确保像并购三角制药这类公司的交易能够成功。

再者，吉利德从监管的角度得来的专业知识（如何建构及诠释传染性疾病的临床试验），及其自行建立的相关知识（如何为艾滋病发展出联合疗法），都是增强型收购计划成功的关键要素。吉利德还发展出一套有效的阶梯式定价模式（用来帮助艾滋病解决方案能在全世界销售），甚至能套用在其他传染性疾病的疗程中。吉利德至今最大的交易，即在 2011 年以 110 亿美元收购 Pharmasset 制药公司，发展成为丙型肝炎治疗中的领头羊，并预估能创造 200 亿美元的收益。不论以什么标准来看，吉利德此举都获得了重大成功，也是事业转型的里程碑。这就是在核心业务的边缘机会下完成的交易，由于吉利德在传染性疾病及肝炎方面具有专业知识及技术，所以才能看见 Pharmasset 制药公司的潜质，并且将其治疗方法引入市场。巧合的是，大约在同一期间，各大制药厂也开始淘汰许多失败的多元化资产。

为什么吉利德的获利成长策略和边缘战略一模一样？在某些先前提到的案例中，企业是利用产品及旅程边缘机会以帮助交易成功，吉利德的边缘战略则是着重运用资产边缘机会。吉利德利用自身的专业知识与技术确保交易成功，基本的获利成长战略便是依靠这些。就像在第四章提到的美国职棒大联盟的例子一样，美国职棒先进媒体明白在线串流技术并非只对棒球有价值，所以才会将其用于支持其他与运动相关或不相关的媒体；吉利德也是如此，因为明白在艾滋病疗程中学到与发展出的技术并非只对艾滋病有用，所以便通过收购其他相关厂商，进而投入其他传染性疾病（如肝炎）的治疗，最后大获全胜。

在旅程边缘上播种收购计划的实例

如果企业并购是一项战略工具，而边缘战略是一条通往成长的道路，那么我们必须自问："企业并购是否在边缘战略中扮演某种角色？"经验显示，的确如此。如果你在思索如何利用已经找到的产品或旅程边缘机会，一定不能忽略考虑通过一个小型收购计划以启动战略。

以百思买在自己的旅程边缘上播种的收购计划为例。奇客小队是在1994年由罗伯特·史蒂芬斯创建的，适逢个人计算机逐渐受欢迎之际，史蒂芬斯便展开了以技术支持与机器维修为主的业务。到了2002年，当百思买要收购他的公司时，他已有60位员工，年营业额高达300万美元。

对于百思买而言，这笔小收购可以解决一项问题。百思买的门店经理注意到，顾客购买计算机后常常会陆续回到店里寻求计算机使用方面的帮助和指导。在那个年代，计算机使用手册动辄好几百页，而且全是专业术语。一般说来，顾客都会回到店里的柜台询问，而百思买的员工就会尽力为顾客解决疑难杂症。

麻烦的是，有越来越多的人开始这么做。为了避免顾客满意度降低，以及处理这类问题的成本增加，百思买的执行官找到奇客小队，希望他们能解决这一问题。奇客小队能提供付费的专业协助，以升级销售的方式一口气满足便利性、减轻痛苦及安心三种需求。

百思买的管理者渐渐认识到，奇客小队能处理从店里卖出的各种消费性电子商品的操作及维修问题，因为除了计算机，还有许多商品对顾客而言都很难操作。如同百思买零售业务部总裁布莱恩·杜恩曾说的："因为我们的产品越来越复杂，且产品之间的关系越来越密切，消费者对商家的期待也渐渐由顾客'自己动手做'转型为'你来帮我做'。"百思买服务部副总裁杰夫·塞维茨也表示同意："任何人都可以卖（给顾客）电视机、计算机或手机，但真正的价值在于，找到一个能帮助你让机器为你运作而且持续下去的人。"

奇客小队的战略成功之后，吸引来了更进一步的投资。到2010年，百思买已雇用 24 000 名奇客小队成员，甚至还有一个名为"奇客小队城"的中央服务站。

对百思买来说，这家当初只值 300 万美元的公司，如今已成长到 30 亿美元，是项成功的旅程边缘战略。除此之外，分析师预估，奇客小队的利润率超过 40％，远远高于百思买整体业务不到 5％ 的利润率。另外，通过奇客小队，百思买也大大改善了与顾客之间的关系。

百思买在持续发展零售模式的同时，依然对旅程边缘机会保持关注。2012 年担任百思买首席执行官的休伯特·乔利说："我们相信价格上的竞争力是筹码，而我们想要赢的方式不外乎满足顾客建议、便利性及服务的需求。"

盲目多元化的并购具有极大风险

在并购交易中，多元化是相当受欢迎的依据之一，这点从本章所讨论的大型制药公司与帝国化学工业有限公司的案例可以看出，但多元化似乎与每一种边缘机会发挥效用的情境均对立。

我们并非认为多元化完全是个烂主意，事实上，也有一些公司凭借多元化走向成功，如强生公司便在保健产业上有效达成了这一点。但是，我们发现这是一项冒险的战略，而且很容易失败，因为这种战略很难创造出协同效果以降低并购后的成本，也难以利用现有资产与能力来促进整合。

对于是否应探索多元化战略的态度，我们还是坚持多元化应该留在投资者的领域，而且不论是否进行企业并购，管理团队都应致力于最大化现有业务的获利成长。

实践者笔记

● 企业并购虽然司空见惯，但执行的难度却出奇地高。然而，边缘战略能够引导企业并购迈向成功。

● 企业并购本身并非战略，而是在执行更大的获利成长战略时有价值的工具之一。精明的管理者会把潜在的收购视为边缘战略的一部分，并严防在没有根本战略方向的情况下，在看不到战略价值的地方发生收购的可能。

● 事实上，绝大部分的企业并购都无法产生股东价值。失败的原因有很多，其中之一便是错估收入的协同效果。边缘战略在辨识、了解与降低巨额交易的风险方面是极具价值的准则。

● 边缘战略的架构能应用在交易生命周期的每一个阶段，从寻求资源、审查到评估协同效果皆涵盖在内：

——产品边缘战略的重点，是让两家公司的核心产品能结合在一起，进而获得改善，甚至创造升级销售的机会。无论是宝洁收购吉列或 NAVEX Global 的整合式交易，都说明了收购方和被收购方的产品该如何整合，进而创造产品边缘机会。

——旅程边缘战略是针对合伙关系中，企业能找到顾客的期望设定以拓展自己在顾客旅程中的参与程度。百思买就是通过发现顾客在便利与技术能力上未被满足的需求，才得以及时收购刚起步的奇客小队，重新定义自己在顾客旅程中扮演的角色，并从零售业转型为服务导向奠定基础。相反，eBay 收购 Skype 的例子虽然也是从旅程边缘的角度出发，但欠缺几个主要的边缘机会测试，依旧走向失败。

——资产边缘战略往往需要开拓思维，但却能创造出惊人的收益。仔细评估收购方及被收购方的基本资产，让对方测试新业务中潜在的用户，有助于发现资产边缘机会。吉利德外延式的成长策略（和收购风气盛行的制药业大相径庭）提供了非常引人注目的例子，说明企业该如何整合资产边缘思维，并在并购中发挥功用。

● 综上所述，边缘思维适用于各种规模大小的收购案，而且能在任何交易中提供有价值的观点。大型制药公司的收购狂潮针对外延式的成长策略提供了警示，而这个教训也被像吉利德这样的生物科技公司吸取了。百思买谨慎地收购市值 300 万美元的奇客小队，当时奇客小队的规模虽小，却给这家零售业龙头带来革命性的影响。不管并购案的大小或预算多少，在这些情况下真正重要的是，企业必须仔细辨识出交易能创造的边缘机会，并确保这些机会真的能带来丰硕的果实。

第十章

/

十步发现边缘机会

关于企业该如何找到获利成长的机会，本书已经分享了多种既实用又有趣的见解，更重要的是，希望这种边缘思维已经深植你心。

先前章节中提到的各种案例，可以帮助你辨识边缘战略的架构。希望你已经准备好思索自己的世界中可能有哪些边缘机会，也希望本书能让你豁然开朗，并将其应用于公司业务中。

拥有边缘思维

全世界的企业都在试图透过采取大胆激进的战略促进成长，但这些战略往往忽略了企业本身的潜质。如果拥有边缘思维与战略架构，就能探索过渡性空间，在核心业务和全新市场的中间地带找到机会。边缘战略并不是一个崭新的方法，也不是我们发明的。研究显示，边缘机会几乎存在于每一产业之中，企业经理人与领导者运用这种思维已长达数十年。

你也会意识到，尽管边缘机会普遍存在于各产业中，但大部分的企业还是没有充分运用边缘战略，也很少开发边缘机会的全部潜力。我们的研究显示，只有不到10％的企业能有条理地追求边缘机会，能意识到自己忽略了什么的人更是少之又少。

前面已详述过许多案例，在运用边缘战略时，企业能在核心产品之中或之外的附加选项中，获取低风险、高利润率的新获利成长来源。企业通常能通过更完整地满足顾客需求，或朝向顾客旅程的任务终点更迈进一步让顾客感到更满意；企业亦能在竞争对手采取重新定义市场期望的策略时，更长久地维持创新的益处。

有了边缘思维后，你将会思考，是什么定义了现有产品的边缘机会，例如，基于顾客期望设定，可能存在于外部边缘的机会会是什么？在内部边缘方面，有拆分或简化产品内容的机会吗？如果有满意度不高的顾客，或是无法为公司带来利润的顾客，那么请试着将这些逆境转变为部署产品边缘战略的机会。请试着思考顾客旅程，顾客除了和你现有的互动之外，还需做什么事？是否有机会让顾客通过你的协助，在旅程中更接近任务目标？

请回想一下，构成支持公司核心产品的基本资产是什么？这些资产如何支持产品、旅程或资产边缘优势？公司有哪些有形资产，又拥有或生产哪些无形或不受限制的资产？公司生产副产品吗？再审视一下公司里似乎是废弃物的东西，如数据、讯息等。如同本书前面提到的，不论何种产业中的企业，都可以找到利用这种资产与资源的方法，以便从边缘机会中获利，尤其是资产边缘机会。或许你已经开始思考下列这个问题："除了直接的竞争者外，还有谁会愿意花钱使用我公司里的基本资产？"

你的公司或多或少会面临第二章提及的类似情况，其中某些普遍的应用正是属于边缘战略的范畴。

找出你的优势与发挥空间

第五章说明了如何运用产品及旅程边缘机会，将其作为支持定价策略的有效工具。也许你早就已经向部分或甚至所有顾客介绍量身定制的升级销售增值项目了，或已经为顾客找到提升便利性或舒适性的方法，就像捷蓝航空一样。或许你也可以提供减轻痛苦或令人安心的升级销售项目，如同电信业者或汽车经销商所运用的一样，能够和顾客期望设定相呼应。或许你的公司像太阳马戏团一样，属于有必要针对顾客对热情的需求进行升级销售的产业，抑或像是尼尔森公司，能通过提供知识的升级销售策略以提高对顾客的价值。

如果你正处在利润压力甚大的市场中，请试着运用第六章介绍的策略。如果你有一些无法带来利润的顾客，而且正在考虑像固安捷公司一样，把某些产品内容从核心产品中拆分出来，那么采取这一行动便会迫使顾客改变行为，减少你所负担的他们造成的成本，或者让顾客选择为那些他们认为有价值但之前免费使用的服务支付额外费用。或许你已经发现一个机会，能让你在现有的核心产品中少做点事，就跟零售商开始采取的自助式服务策略类似。

同理，如果你的公司正在对抗产品同质化的威胁，那么第七章将迫使你开始思索，如何基于边缘机会进行类似定制化、提供解决方案，或打造为顾客特别设定、重新配置过内容的捆绑销售等方法。其中，对你有用的方法可能不止一种，所以请将协调与发展这些行动的联合系统纳入考虑，亦即如何让边缘机会营销成为整体战略的一部分。

除此之外，你可能会有许多关于边缘机会如何发挥作用的灵光乍现，其中一个让你专注于边缘思维领域、可能有助于公司成长的新机会，就是公司所生产与使用的数据和信息。如同第八章分析的，这是刚开始萌芽、还没有太多人运用的边缘战略之一。本书的讨论应该会促使你开始思考，自己的数据该如何对其他人发挥作用，而不单是对自己的核心产品有益。请想想看如何让数据成为产品边缘机会的一部分，进而升级销售给现有顾客；或者若这份得来不易的数据可以发展出新产品及新客户的话，那么就有可能作为资产边缘机会的基础。

如果你的公司正在寻找并购，或者已经有条理地在执行某些战略，那么第九章讲述的边缘思维就十分有价值，在读过本书之后，请试着以全新的观点看待可能的并购机会。边缘思维会让你把焦点放在真正有互补效果的交易上，并实际创造出协同效果。当你审视潜在交易时边缘思维架构能为你提供更多判断依据，确保在做出决定时没有花冤枉钱，甚至帮助你和你的公司渡过企业并购过程中的难关。

总而言之，希望你能了解，大多数企业都能够利用自身的基本资产，找到并真正理解获利成长的新来源。希望你正在问自己书中提到的诸多问题，以激发出更多新的想法，找到自己的机会。最重要的是，请试着自问："我的边缘战略是什么?"

应用边缘战略的十个步骤

即使你已经完全接纳边缘思维及相关战略架构，仍然需要将这一切付诸实践。因此，最后这一章将提供一套有条理的进程，帮助你或公司其他人以熟悉的工具实际运用边缘战略。

从宏观层面来看，无论是研发新产品、拓展产品线、将技术产品化，或试着将产品推入新市场、发展及执行获利成长战略，都可能涉及一些熟悉的步骤。在和许多不同公司、产业与地域合作的过程中，我们发现这些积极的行动中具有某些特定模式，对于释放边缘战略的经济效益特别有帮助。这里将分为两部分详述：首先，列出成功应用边缘战略所需的所有步骤；其次，详加说明边缘战略中需特别注意的地方，或执行成长战略时有哪些地方特别容易偏离标准做法。

为了让这一过程更容易理解，我们虚拟出一家公司，该公司正试图寻找、识别及利用三种边缘战略中的一种，公司列出一系列步骤。不过，并不是每次都必要用到全部步骤。如果一开始只是把焦点放在一种特定的边缘战略上，其中某些步骤可能就没有那么重要，接下来将会详细说明。

一般来说，完整的过程包含十个步骤，从发展战略直到启动战略。

开发边缘战略：在最初的五个步骤中，请将已建立的新思维应用在寻找企业的边缘机会上。

- 步骤一：理解你的顾客。
- 步骤二：细分你的产品及服务。
- 步骤三：描绘出顾客旅程。
- 步骤四：评估你的基本资产。
- 步骤五：优先处理边缘机会。

制定计划：如果对详细分析与规划的投资不足，任何战略都难以成功，边缘战略更是如此。接下来的三个步骤，可以确保打造出必要的投资支持。

- 步骤六：判断顾客可能的采用率。
- 步骤七：确立运作模式。
- 步骤八：打造能迈向成功的商业计划书。

启动战略：要使战略产生预期的结果，需要两件事的配合：一是坚守计划管理原则，用顺应现实状况的方式面对挑战；二是维持最初的方向。最后两个步骤便是成功实现战略目标的准则。

- 步骤九：执行计划。
- 步骤十：观察并改进计划。

开发边缘战略

步骤一：理解你的顾客

产品及旅程边缘机会是把重点放在现有的顾客上，因此，了解关键利害关系人便成为最重要的出发点。在此针对这一目的介绍以特定边缘需求为主的细分法。请用各种不同的方法询问顾客为什么要购买你的产品、探索他们缺少了什么、在旅程中还需做些什么，以及你的产品项目中有哪些空白。接着，请利用有关顾客特质和行为的数据，确认顾客所说的与所做的是否一致。有了这些信息，就能将每位顾客细分到某个独立的群组，或具有特定边缘机会的顾客群中。

一家公司要熟悉自己的顾客与市场，势必在目标市场投入有关边缘战略的研究，以建立针对市场必要的洞察力。许多企业还会把顾客细分当作工作的一部分，不过，这些细分方法对发展边缘战略来说往往并不合适。顾客群的细分只有在与其目标校准过后才有意义。许多企业的高管会试图以营销沟通（如E-mail、直投邮件等）方式进行细分，但是这种方法即使经过深思熟虑完全符合营销沟通群体的需求，却未必能告诉企业顾客对于边缘产品的反应如何。原有的细分方法往往聚焦于销售核心产品，所以如果一开始不花时间、不努力根据经验分析边缘产品的接受度，战略便不大可能经得起时间检验。

请仔细分析基于边缘机会的顾客细分：顾客是什么人？他们认为你的产品中最有价值的是什么？他们有哪些需求尚未获得满足？举例来说，有特定顾客需要延长保修期的令人"安心"的增值服务吗？是否有顾客在安装、维修或保养产品时需要额外的协助？有顾客认为核心产品中的某些内容没有价值吗？

这些细分方法将反映出每个顾客群如何与你所提供的产品互动，所以这种分析法能凸显出哪些顾客群的需求大到足以支持一个可行的边缘战略商业案例。

步骤二：细分你的产品及服务

边缘战略的主旨，就是深入了解你现在正在做什么。回到本书第一部分谈的基本架构，步骤二就是仔细定义核心产品，然后将核心产品与顾客期望设定并列呈现。

接下来从细分商品开始。请针对你所提供的每一项产品或服务进行详尽的分析。你可以借此分析构成产品的各个部分，同时理解它们如何分别满足不同类型的顾客需求。在这个过程中，请试着从顾客的角度思考：顾客如何看待这项产品或服务？请针对每一项产品或服务，以步骤一中定义出的顾客群的角度，不断重复思考。

举例说明，请想象一家制造工业蚀刻工具的公司，根据顾客类型提供不同等级的服务（例如，针对大型跨国企业会有一位专职项目经理，提供 24 小时技术支持；较小规模公司则通过经销商完成采购，享受在线支持与从早上 9 点到下午 5 点的服务热线）。这些不同的服务等级就是不同顾客群所得到的部分产品内容与元素。严格说来，依照顾客群对产品内容做分类就是所谓的细分，每个从产品划分出来的元素，都可以是基于边缘机会的升级销售或潜在拆分产品内容策略的基石。

要细分产品内容最容易也最直接的方法，就是直接与你的顾客及一线销售人员交流。他们如何定义你的产品？基本顾客有什么需求？你正在解决什么问题？通过采取这种聚焦于需求的角度，便可以打造有价值的观点来决定现有的商品要如何配置，以及可以如何细分。

步骤三：描绘出顾客旅程

不论顾客细分还是产品细分，顾客需求都是最好的出发点；然而仅是如此，还是可能错过发现旅程边缘机会。如果只是从"与顾客交易当下"的立场看待顾客，便可能错过他们潜在的任务旅程，请务必调查你的产品或服务在顾客旅程中是否扮演合适的角色。

如同第三章所介绍的，关键在于，要能够意识到顾客正试着完成什么任务；同时，即使在某个特定顾客群中，也可能存在不同的任务类型。因此，请全面了解顾客在每件任务中的旅程样貌，然后务必在旅程的各个阶段考虑顾客的特定需求。

当你在收集顾客的意见时，从顾客的角度出发，并说明你的业务将如何解决其基本需求相当重要。尤其要具体描绘顾客使用你的产品或服务前后的阶段，因为那正是很可能出现旅程边缘机会的地方。请务必在细分出来的顾客群中详细规划这一重要任务。

我们发现，某些案例只需要在整个旅程中简单地和某个焦点群组中的顾客谈话，就能够获得有价值的见解。再强调一次，请务必为每个顾客群单独做一次规划。也有些案例，走出去亲身体验顾客的经历是不可或缺的，试着想象和几位真实存在的顾客一起走完旅程，观察他们如何使用你的产品。如果你要为现有的核心产品找到边缘机会，不妨多采取一些行动、早一点加入顾客的旅程，在他们用完你的产品要继续前进时，多花一点时间陪伴他们。是什么让顾客最后决定花钱购买你的产品？顾客采取了哪些关键行动，才让他们走到这一步？在他们离开这项产品或服务后，会立刻做些什么？这项采购的最终去处是哪里？是拥有一台安装好、连接上环绕音响系统的电视机，还是享受第三方提供的更有效率的物流服务？

@BOX：相同顾客，多重旅程

如果你饲养过宠物，一定知道宠物用品业是个竞争激烈的市场。你可以在许多不同类型的商店中（如大型连锁百货商店、宠物用品专卖店、本地宠物工作室，以及像亚马逊之类的网络零售商）买到宠物食品、玩具，甚至药品。

宠物用品零售商该如何在这个拥挤的市场中挖掘出自己的边缘战略？试着思考这个产业的顾客旅程，会发现这些旅程基于两个原因而有极大差异：顾客购买的产品类型及其宠物年龄。例如，养狗的顾客如果想买训练型的玩具，通常会喜欢接触度高、拥有专业知识的消费过程，而且会问销售人员很多问题；如果想要购买狗粮，就会以方便为原则，购物模式通常是"进店拿了就走"，因为他们很清楚知道自己要的是什么。

这是个简单却重要的观点：即便是同一类客户，在购买行为上也可能会有好几种旅程形态。也就是说，尽管宠物用品零售商规划出一趟大型旅程，包括这一路上的每一步中，所有的顾客类型、任务及产品，业者仍可能错过发现下列这两项洞见的机会：便利性导向的消费行为，以及对专业知识有需求的顾客。就像第五章所说的，这两种需求可以引导你认识不同形态的产品边缘战略。

步骤四：评估你的基本资产

如同第一章所述，所有边缘战略都是利用企业既有基本资产的潜在价值，因此，建议你采取下列系统化过程，以分析公司已有的资源与技术。

首先，请将所有资产列在清单上，这个评估的过程看似简单，但要确保所有资产类型均涵盖在内，不仅包括设备或设施这类硬资产，也包括服务顾客的专业能力与授权领导（empowered leadership）文化。此外，知识、科技、信息和数据，以及在特定领域中的专业技能等软资产也不能忽视。在说明公司得以利用、以市场为取向的资产时，取得的渠道与市场形象也是重要元素。思考的范围越广越好。

一旦有了完整的基本资产清单，请仔细分析清单上的内容，并试着思考这些不同的资产该如何为边缘战略奠定稳固的基础：

- 对于现有的顾客来说，这份资产的价值到底是什么？
- 有哪些顾客非得使用这份资产才能满足需求？
- 除了现有目标之外，这份资产还能如何协助顾客？

步骤一到步骤三的重点在于通过分析顾客的需求与任务，找出产品及旅程边缘机会；这是边缘机会的外部观点。探究基本资产的功用，及其如何在产品及旅程边缘中加以利用，便能带出内部观点并让思维更完整。持有这两个观点，就可以审视边缘机会是在哪里发挥互补作用：一项已被你使用的基本资产，能对哪个顾客群中未被满足的需求发挥作用？请在商务及经营管理者的内部研讨会中有效率地反复练习。在这样的活动中，稳健的风格与领导力都非常重要，同时，边缘战略的主导人应该准备好组织结构清楚的数据，主持会议，并抓住会议重点。

EDGE STRATEGY @BOX：检测资产边缘机会

为了辨识出资产边缘机会，请务必做更深入的评估。你可以试着提出下列这些问题：

● 是否有未充分利用的实体资产？

● 产品制作过程中，有没有创造出无法完全获利的副产品？

● 有没有非竞争对手的公司认为你的业务中有某一部分极具价值？

● 如果有，是否能在不影响核心产品的情况下赋予它们使用权？

● 那些公司现在是如何满足这项需求的？

● 你的公司能为它们提供更好的解决方案吗？

● 有没有一条合理的路径，能让你与这些顾客一同打入市场？

如果你正在为了寻找资产边缘机会而探索资产，不妨采用类似研讨会的方式，不过需要有专家小组的加入。请挑选来自不同产业的管理者，以及与自身业务息息相关的市场观察家组成一个小组，举办一场研讨会，在会中可以请专家分析，除了现有市场，你的资产还可能在哪些地方具有利用价值。有时候，我们也会邀请顾客或供货商的管理者，及重要的产业观察家赴会，这些产业虽然和我们的顾客不大有关联，但仍然有发现价值的潜力，学者也时常能为这些会议带来额外的价值。这种活动十分有意义，因为外部的观点能帮助你的团队聚焦于业务的边缘，同时统观你的企业资产与能力。

步骤五：优先处理边缘机会

在完成前面四个步骤后，你也许会得到一份长长的清单，上面记录了初步得出的产品、旅程及资产边缘机会。接下来的步骤，就是运用有条不紊且客观的方式整理分类，列出一份最具前景的最终名单。

请在一开始建立清晰、具有边缘机会特性的标准，并确保这些标准与公司现行战略目标一致。一般而言，这些重要的标准会包含：获利潜力、计划实行的可能性、投资的数额、风险程度与交付时间等。

请确保你有足够的信息，能就每个对象分别展开分析。一般来说，你需要的信息大多无法轻易取得，数量上也不一定足够。为了克服这一点，你可以从公司里找出几位专家，和他们一对一地为每个边缘机会撰写高水平的方案。接着，你可以在研讨会中和跨部门的利益关系人（如业务部、营销部、财务部、运营部、技术部及人力资源部）一起比较筛选方案，然后优先处理最佳方案。

接下来，让由资深领导人组成的督导小组审查这些机会与列有最佳机会的优先名单，决定哪些值得进一步思考与投资。这应该是在进一步详细规划之前要优先考虑的战略重点。

制定计划

步骤六：判断顾客可能的采用率

一旦列出战略性选择方案的最终名单，下一步就是要制定详细的计划，这份计划不仅定义实现战略所需的支持，也包含可以预期的结果。仍然保有一份选择方案的最终名单有助于保持灵活性。在这一阶段，你无法确切知晓哪些方案会是真正的赢家，或是哪里存在风险，所以试着在详细计划中列入多个方案，如果其中一个发生问题，还有备选方案，无须全部推倒重来。

无论是产品、旅程或资产边缘机会，预估任何边缘战略的收益潜力，都需要深度量化研究顾客（或对许多基于资产边缘机会的案例而言，就是新市场的顾客）的重点工作。首先，你必须知道，你的顾客中有多少人愿意购买这项边缘产品，采用率大概是多少？有多少人会购买附加的新功能？在你的顾客群中，有多少比例的人会购买新服务？产品价格和此问题密切相关，因此，请测试看看顾客面对不同价格时的反应如何。边缘战略使用的是边际经济，所以价格是在利润极大化的情况下制定出来的。

打造稳健的边缘战略方案，其中一项工具是以选择为基础的联合分析（conjoint analysis）。最简单的联合分析即调查并和顾客面谈，同时请顾客就不同的解决方案做出选择。这一方法对于测试产品及旅程边缘战略来说十分理想，因为可以在不同级别的边缘机会元素中自由选择。举例来说，汽车制造商可能会让顾客在有标准座椅、XM卫星广播设备、标价2.5万美元的轿车，和有皮革座椅、DVD播放器与导航系统、标价3万美元的同系列轿车之间做出选择。

也许这听起来像是个很随意的问题，但是利用联合分析的关键就在于要在许多可能的产品组合和顾客中重复进行这种动作。一旦你在各种不同的价格之下探索完所有可能的产品组合测试，就可以使用统计分析软件找出每个边缘机会元素或属性的价值。换句话说，有了足够的顾客反馈，这种形态的研究就能在量化的基础上理解顾客如何评价产品中不同的边缘机会元素，以及愿意付多少钱来消费。

有了这项知识，你就可以设定边缘机会产品的价格，以达到理想的、能使利润最大化的顾客采用率。

步骤七：确立运作模式

接下来的步骤就是提出一个基本的问题，即如何运行这项战略。下列问题有助于获得确立运作模式所必须的认知：

1. 让此边缘机会变得可行，必要的运作成本有哪些？

2. 需要什么样的投资？

3. 企业需要做出什么改变？

4. 发布这项产品的时间表是怎样的？

首先，请定义各种边缘产品的呈现形式，即顾客会如何体验这项产品？在哪里？以何种方式？为了做到这点，请制定详细的产品配置文件或规范，以充分界定你希望这是什么样的产品，以及顾客将如何体验它。这份路线图会说明顾客一开始将如何体验产品，以及你该如何将其扩展至未来。举例来说，在产品发布伊始，规格、定价可能是固定的，但日后完全可以转变为浮动定价模式；或者也许最初只有一个销售点，未来可以扩张至数个。

接下来，为了激活新产品，请分析公司在哪些方面需要改进。执行该步骤时可以参考一个架构，即遵循"人、过程、技术"的体系。

先从"人"说起。在你的公司里，哪些人和提供与完成边缘战略有关？他们的角色会如何被影响？你需要创造新的角色吗？你会如何为新的边缘机会产品规划相关责任及所有权？这些有助于说明新产品的人力成本的影响，以及执行战略的必要条件。哪些人须致力于此？他们还需要了解关于新战略的哪些事情？

过去的企业之所以没有利用边缘战略，普遍原因之一就是公司里没有人带头发起，如同稍后在步骤九中提到的，边缘战略是典型的跨职能战略，往往没有特定部门会明确负责此任务。要引燃真正动力的第一步，是必须找到并指派某人提议这些行动。一旦为了确保交付成果而开始运行边缘战略，找到专门致力于此的对象也是必行之道。

接下来要考虑"过程"。相关人员的每日工作要如何改进，才能确保有效提供新服务、商品或活动？为了把这项产品呈现在顾客眼前，你必须做什么？例如，需要培训员工吗？这个阶段非常重要，将影响成功实施战略所需的活动、新系统、测量标准、员工培训、运作流程，甚至是改变过程需要的时间等。

思索过前面两个层面后，就可以探索"技术"的部分。技术应该是先前的步骤中已制定好的方案中的必要条件之一。请避免计划被限制，以及被技术的可用性与要求过度影响。

确立运作模式需要广泛参与组织性的事务，一般来说，在这个阶段中，公司里应该有一个由各部门主要管理者组成的工作团队，负责定期参与共同事务；该团队必须运用先前讨论过的步骤，基于自身职能尽力参与，进而发展出整体模式。

步骤八：打造能迈向成功的商业计划书

落实边缘战略面临的一大难题，就是为了获取投资必须打造出一套商业计划书。每一家企业都有资源上的限制，边缘战略和其他战略一样，都必须基于各自的必要条件与责任义务竞争资源，以便能支持企业长期要努力解决的事。

健全的经济模式是商业计划书能够成功的不可或缺的要素。商业计划书详细描述了量化的收入机会，制定了能够奏效的运营模式。强大的商业计划书要能勾勒出未来数年的财务展望及现金流分析，并全盘考虑随着时间推移所需的所有投资。商业计划书还必须考虑对关键投入的敏感度，同时测试不确定性方案；也要包括详尽的风险评估，这份工作需要由各职能部门领导者组成的综合团队着手进行。

这一阶段很少会产生决策，特别是围绕出现在核心产品周围的机会。请务必要有耐心，花些时间致力于人际交往，甚至在举行投资会议前就掌握控制权。理想的状况是，所有出席投资会议的人员基本都熟悉或不会强烈反对你在会议前所提出的内容。提前排除疑虑与反对意见相当关键，因为此举能让你有时间处理或缓和这些问题。

很少有组织喜欢改变，甚至有些高层主管的职责就是全力防止公司发生改变。然而边缘战略恰是对企业成长固定模式的挑战。如果只是从收入的角度来看，边缘战略通常只能创造小规模的收益，不值得企业从核心产品中分一点注意力到它身上。因此，打造一份充分论证过的商业计划书，使其能够量化对营收的影响是必不可少的。如果计划书只掌握了主要的成本线，而没有花时间针对利润线进行分析评估，那么即使是前景看好的边缘战略，都可能因此遭到会议室里其他人的质疑与制度上的抵触。

启动战略

步骤九：执行计划

一旦确立要实行边缘战略，在商业计划书获得通过后，就可以着手启动这项战略。此时，边缘战略已可以被当作资本计划来实行，或是改变经营过程。虽然此时已达成确定获准执行与取得主要控制权的重要任务，但不表示已经胜券在握。

实施边缘战略务必要采用良好的项目管理方法，包括拥有专司启动战略的单位、经验丰富的项目管理团队、合理的治理结构、清楚且可衡量的目标和意图、可达成的时间表、项目流程与资源管理工具等。

在启动与发展边缘战略的过程中，处理跨组织性质的挑战时要特别注意。不同于许多其他投资计划，边缘战略往往不是来自已建立好的运营职能（就像工厂正常建立一条新的生产线一样），而是由公司里某个团体所主导的新兴活动，也许是营销团队或战略小组。战略执行过程必定会涉及许多不同的部门，如业务部、采购部、IT部、财务部、运营部、客服部、人力资源部，而且最后的成果也不会只属于某个特定部门。因此，负责启动边缘战略的团队要基于促进部门间合作及参与来组建，因为对这些部门来说，该战略的目标也许并非其每日工作重点。边缘战略团队需要有具备特殊技能的项目小组来营造良好的关系，排除直接职权的影响，虽然这在传统的项目管理团队功能里并不常见。此外，请将参与程度与取得控制权所花费的时间纳入考虑，因为这些都应该列入项目计划的时间表。

比起许多获利成长战略，启动边缘战略所承担的风险相对低许多，但总是会有一些因为执行力不足所导致的风险，即产量损失（yield loss）。产量损失最常发生在最终解决方案无法达成计划中某些最初的财务目标之时，因为在执行战略的时候，许多计划中的重要观点未获得正视。为了减少这种情形，请务必确保执行战略的团队里有最初战略发展小组中的成员，只有这样，一旦执行战略出现困难，或发现复杂度始料未及，才能确保在熟悉战略架构的前提下提出合适的解决方案，而不是草率考虑所谓的权宜之计。这些内容是启动战略与单纯的项目管理最大的区别，对于减少产量损失来说也是不可或缺的一环。

步骤十：观察并改进计划

很少战略是在最终呈现前就已经被构思出来，发展战略的过程中，势必要不断调整。鉴于边缘机会固有的递增性质，边缘战略更是如此。一旦战略开始执行，就很可能有机会更向前迈进一步。借助战略思维支持各种调整与改变（就像最初启动战略时一样），对于大部分边缘战略十分关键。

在实施边缘战略之后，即使拥有结构良好的衡量监控系统与完善的改进措施，仍然需要观察运作情形至少一年：顾客采用率是否和预期结果相符？是否有某些特定功能的市场反馈特别好或特别差？每个月的销售目标是否达成？有没有失败的案例或增加任何意外成本？

在启动阶段，战略启动团队应该设立一些目标，以供战略启动后一年内进行监控，进而能通过报表监控公司在这些目标上的进展。例如，销售状况是否符合预期？投入的资源数量是否适当？

战略启动团队应该在战略启动后每个月定期召开会议，目的是共同分析报表上的数据，然后在必要的时候提出纠正与改进办法。在边缘战略"上市"最初的几个月里，你会从顾客那里得到宝贵的意见反馈：你是否能够在主要顾客群中调整定价？这些具有竞争力的回应是否已为额外的边缘战略铺好了路？

回想第六章所举的例子，联合航空是第一家向旅客收取行李托运费的公司，但就在各大航空公司都开始收取第二件行李托运费不久后，美国航空公司宣布连第一件托运行李也要收费。联合航空就是注意到这一点，而且能够用很短的时间做出反应，才能在几周后立刻推出类似的策略。

· · · · · ·

在成长战略中没有所谓的灵丹妙药，也没有免费的午餐，对大多数公司来说，仅有少数真的尚未开发的市场机会。每天都会有新的竞争者冒出来威胁你的核心产品，不仅如此，它们还会不断追寻探索，直到让你的产品特殊性逐渐消失。顾客则拥有信息与技术来评鉴你的产品的每一个部分，迫使你必须持续为产品的表现与价格负责。竞争的激烈程度前所未有，而市场只会更残酷地暴露弱者。

然而，还是有可以留意的地方，也有可以运用的准则，帮助你为公司找到越来越多的利润来源：一个足以实现成长、避免陷入你死我活的市场份额之争，同时低风险、易实施的战略。

希望本书能赋予你一套崭新的、补充性的思维，并为你提供强有力的新工具，帮助你激发公司实现获利成长的潜质。接下来就是要靠你自己找到你的边缘战略了。